嗨，我患有肌萎縮性側索硬化症（Amyotrophic Lateral Sclerosis，ALS；即魯蓋瑞格氏病〔Lou Gehrig's disease〕，又稱漸凍人症）。過去我以為，萬一患上了末期病，我就會迫使自己更多祈禱和讀經。被確診後，我卻發現情況剛好相反：我幾乎不能祈禱或讀經。起牀和面對另一天，耗費我每一分精力。這些禱文及反省文章，是為了身同感受的讀者而寫的。我安排了每天一篇早晨短禱文，和一篇晚上靈修文章。這些禱文和靈修文章，曾幫助我在患病的黑暗中建立盼望。我祈求你也同得幫助。

——本書作者多布森

靈修著作精選

禱告與應許

—二版—

給病患者的30天靈修指引

多布森 著
明朗兒 譯

基道出版社

▼

靈修著作精選

禱告與應許

給病患者的 30 天靈修指引

Prayers and Promises When Facing a Life-Threatening Illness

作者
多布森 Edward G. Dobson

翻譯
明朗兒

責任編輯
江程輝、羅慧琪

裝幀設計
奇文雲海．設計顧問

■

出版／發行
基道出版社
香港沙田火炭坳背灣街 26 號富騰工業中心 10 樓 1011 室
LOGOS PUBLISHERS
Unit 1011, 10/F, Fo Tan Ind. Centre, 26 Au Pui Wan St., Shatin, Hong Kong
電話：(852) 2687-0331　傳真：(852) 2687-0281
網址：https://www.logos.com.hk

承印
陽光（彩美）印刷有限公司

●

7/2011 初版　6/2017 二版
Cat. No. LP644-2A
ISBN: 978-962-457-421-0
Original published in the U.S.A. under the title:
Prayers and Promises When Facing a Life-Threatening Illness

Translated by Melanie Fong
Published by arrangement with HarperCollins Christian Publishing, Inc.
through the Artemis Agency

刷次	10	9	8	7	6	5	4	3	2
年份	2032	2031	2030	2029	2028	2027	2026	2025	2024

目錄

一位朝聖同行者的導言

我首次發覺到問題時，我正背著背包。我很難打開瓶或罐。我想，嗯，你剛五十歲，年老的時候你就是會這樣子的了。接著，我開始覺得背部和手臂的肌肉抽動。太太鼓勵我看醫生。不過，作為典型的男性，我拒絕她的意見。有一天，我寫講章時，我有這奇怪的感覺——就好像我的頭腦和手不能互相配合。我的手似乎比我的腦袋慢了幾秒。這使我害怕起來。

下一個禮拜日的早上，我在教會裏，坐在前排。坐在我後面的朋友是一位神經科醫生。證道前，會眾唱詩的時候，我轉身跟他說：「我的手已經一直這樣衰弱了，最近我的肌肉一直抽動。寫講章的時候，我有這樣奇怪的感覺，我的腦和手不協調。你有甚麼意見？」當然，醫生不會在證道前的唱詩時間給予診斷。他說：「我認為你最好來看看我，不如明天早上吧。」

所以，第二天我去看這位神經科醫生。替我檢查和測試我的肌肉力量後，他讓我坐在他的辦公室裏。他說：「有一連串的可能性，你可能有良性肌束顫動（benign fasciculation）。每個人的肌肉都會抽動。也許，你比一般人有更多的抽動。另一方面，你可能有運動神經元病（motor neuron disease）——肌萎縮性側索硬化症或魯蓋瑞格氏病（又稱漸凍人症）。」當醫生提到「漸凍人症」時，我完全震驚。我們的教會中有幾個肢體死於「漸凍人症」。其中一個年輕的弟兄在確診後活了七年。那七年裏，我大概每月探望他一次，並為他的喪禮證道。另一個是年紀較大的弟兄，在確診後活了十一個月。

我的神經科醫生把我轉介到密歇根大學（University of Michigan）的肌萎縮性側索硬化症診療所，作更多詳細的測試。數星期後，那些醫生確定我有運動神經元病，而這極可能是漸凍人症，一種使人退化、不可治愈的末期病患。他們給我一個文件夾，內裏有關於我這病的資料，並基本上告訴我，他們沒有甚麼可以為我做，除了幫助我處理那日益嚴重的殘疾。他們告訴我，這個病的起因不明，也沒有治愈的療法。他們說，我會有兩至五年壽命，而其中大部分時間是處於殘疾狀態。

當有人告訴你，你患上不治的末期病，沒有説話能夠描述你那沉下去的感覺。在耶路撒冷之外，越過橄欖山，有一個地方叫伯大尼，是馬利亞、馬大和拉撒路的故鄉。在那裏的一條後巷，有一個第二聖殿時期的墓穴。墓穴外有一個標示：「拉撒路的墓穴」。付了相宜的入場費後，遊客沿旋轉樓梯向下走。走下去，走下去，走下去。到了底部，他們在一塊大石下爬行，在另一邊，他們看到墓室。它遠離街上的陽光，黑暗、狹窄、幽閉。這就是末期病的感覺。你離開溫暖與陽光，向下走進黑暗狹窄的空間。你向下走進拉撒路的墓穴，你以為自己永遠不會回到陽光裏。

那麼，當你覺得讀經或甚至禱告很難的時候，你會怎麼辦？你如何從拉撒路的墓穴爬出來？我的病被確診後，我發現我集中於神、聖經和禱告的能力是極度有限的。我只能夠一點一點的領受屬靈真理。過去數個月，神啟發我去寫出一些簡短的禱告，這些禱告幫助我爬出拉撒路的墓穴。另一些日子，我在拉撒路墓穴的黑暗中。每天都是一場掙扎，每天我都一定要儘我所能從墓穴的樓梯爬出來。

我常常把這些禱告與應許，給那些患上致命病患的人，與照顧他們的家屬，作為他們的指引。我仍然在旅程中經歷。我沒有一切問題的答案。不過，我已經發現這些簡短的禱告與應許所帶來的力量，一路上幫助了我。我鼓勵你每天以其中一篇禱文來祈禱。當你完成了三十天的循環後，再做一遍。每篇後，有一些空白的地方讓你寫下個人意見或日記。

朝聖同行者

多布森（Edward G. Dobson）

晨禱

神啊，幫助我為今天而活，
盡情享受今天的豐盛。

我們知道每一天都是從神而來的恩賜，不過我們通常以為這是理所當然的。患上絕症或末期病是一個不住的提示，提醒你的日子是有限的。所有人皆知道自己的日子是有限的，卻甚少人曾經為此而仔細思想。大多數人每天生活，就彷佛面前有無限的日子。患上絕症或末期病時，這一切便改變了。每過一天便更接近終結一天。

患上末期病所引起的其中一個問題是，病人會傾向於活在未來，而不是活在當下。而活在未來一定會產生憂鬱。每當我花太多時間想到未來和有甚麼牽絆我的時候，我便開始深沉在絕望中。將來我要面對的問題都是不愉快的。輪椅會是怎樣的？呼吸輔助儀器會是怎樣的？吞嚥呢？飼管呢？問題數之不盡。每個我所認識的末期病患者也面對類似的問題。我不怕死。我怕垂死的過程。

多年來，我跟社區裏的幾個美籍黑人牧者有非常密切的關係。我們一起吃喝、一起打高爾夫球、一起笑、一起旅遊、一起哭。我們共度過數百小時。過程中我們成為了密友。在我們交往的初期，我就留意到美籍黑人牧者的禱告跟白人牧者的禱告是不一樣的。他們的禱告從長期受苦的歷史而來，因著這個理由，他們跟白人的禱告大大的不同。美籍黑人牧者幾乎總是這樣開始祈禱：「神啊，感謝祢今早喚醒我。」我想我不曾聽見過白人牧者會這樣禱告。我們總以為在早上醒來是理所當然的。他們為了神賜予的每一天而感恩。而且，他們從初升的太陽中，便確認到神的良善。

所以，今天我這樣祈禱：「神啊，感謝祢今早喚醒我。」我想擁抱每一天，不管我的日子多麼有限，這都是來自神的恩賜。我想在這一天活得最豐盛。我知道有些事情我已不能再做得到。我明白我正面對每天的限制。不過，我想集中在我做得到的事情上，而不是我無能為力的地方。「所以，神啊，幫助我。我知道這一天永不復返。我明白我不能再從頭活一次。幫助我今天活得最豐盛。」

晚間應許

神在追尋你。

耶和華神呼喚那人，對他說：「你在哪裏？」（創三9）

聖經以一個大有能力的句子開始：「起初，神創造天地。」隨著這句說話，我們看到創造的故事展開。無論怎樣閱讀這個故事，有一件事情是清晰的：是神成就的！祂說了，便完成了。

第六天，神創造亞當。「神就照著自己的形像造人，乃是照著他的形像造男造女。」（創一27）首先，「耶和華神用地上的塵土造人，將生氣吹在他鼻孔裏，他就成了有靈的活人，名叫亞當」（創二7）。當祂看到那人孤單是不好的時候，便從亞當的一條肋骨造出夏娃來（創二 18～23）。

然後神把亞當和夏娃放在園中管理這個地方。他們可以隨意吃園中一切樹上的果子，除了那棵分別善惡的樹上的果子。神警告他們，如果他們吃了那棵樹的果子，就必死無疑。你認識這個故事。亞當和夏娃聽從那條蛇。他們選擇背叛神，並吃了那顆禁果。這樣做之後，「他們二人的眼睛就明亮了，才知道自己是赤身露體，便拿無花果樹的葉子為自己編做裙子」（創三 7）。天堂被毀了。罪已經進入了世界。亞當和夏娃選擇了漠視神的說話。

如果你是神的話，你會怎樣辦？你會就地殺死亞當和夏娃？畢竟你承諾了，假如他們吃了那顆果子，就會當場斃命。儘管如此，神卻沒有因此殺死他們。反而，祂趁「天起了涼風」（創三 8）來到園中漫步。祂呼喚亞當：「你在哪裏？」**你在哪裏？**——問得真好。難道神不曉得亞當和夏娃在哪裏嗎？當然，祂是曉得的；祂是神。那為甚麼祂這樣問？祂這樣問是因為希望亞當和夏娃明白到，祂是在乎他們的。祂希望他們明白到，祂正在追尋他們。

這是神放在整部聖經裏的中心思想。聖經不是人類追尋神的故事。反而，這是神追尋我們的故事。神呼召亞伯拉罕和摩西。神在西奈山上賜下律法書（Torah；譯按：或作妥拉）。神藉著賜下兒子耶穌來到世間以表達祂的愛。耶穌升天後，神賜下聖靈。對，聖經就是神追尋我們的故事。

所以，縱然我覺得被神遺棄，縱然我的禱告似乎超越不過睡房的天花，縱然我覺得失落，一項不變的真理卻繼續存在：神沒有遺棄我。神不靜止。神在追尋我，也問我：「你在哪裏？」神在乎我的狀況，在我生命——有多破碎便多破碎——的處境中行動。祂在乎我處於怎樣的景況中。

所以，你當受激勵。這位神從天堂降下來追尋亞當和夏娃，也進入你的生命和關心你。祂仍然問同樣的問題：「你在哪裏？」所以，回答祂：「我在這裏，神啊。我在掙扎著。我正在沉落。我在黑暗中。我害怕。但是我感謝祢這樣問我。」

第二天

晨禱

神啊，幫助我認識到「直到完結才是完了」。

聖誕節期間，即在我被診斷的數個月後，我們的教會正要籌辦每年一度的聖誕活動。這個節目是到社區裏舉行的大型外展活動。我們鼓勵大家帶同朋友和鄰舍前來。節目中，我會用十分鐘來分享福音信息和聖誕的真正意義。多年來，很多人透過我們的聖誕節目，親身認識基督。但是這一年我不想去。我不想講話。我不想分享福音。我不想在人羣中。我想獨自坐在家中，避開別人可能會問我的所有問題。

不過，我的太太說：「你要去。那裏有人需要聽福音。你要在那裏。」於是我勉強走上我的卡車，開始往教會駛去。我僅僅走了一里，手提電話便響起來。這是比爾．施奈德（Bill Schneider）的來電。比爾是我多年的朋友。他在紐約市吸食海洛英超過二十年。後來他認識了主，神徹底改變了他的生命。他剛完成癌症的治療，也是愛滋病病毒帶原者。他的身體比大多數人有著更多不好的東西，可是他仍然活著。他來電鼓勵我。

起初，我為到接電話而抓狂。我真的不想跟任何人說話。但是現在我被難住了。比爾告訴我：「你要成為一個尤吉．貝拉（Yogi Berra）基督徒。」**我想，這究竟是甚麼意思？尤吉．貝拉基督徒是甚麼意思？**我想可能貝拉跟紐約洋基棒球隊（New York Yankees）有關，而我的疾病是按蓋瑞格（Lou Gehrig；譯按：洋基棒球隊的一壘手）而命名的，當中有些淵源吧。當我問比爾這是甚麼意思時，我發覺我錯了。他是要引述尤吉．貝拉的名句：「直到完結才是完了。」比爾接著說：「你要成為一個尤吉．貝拉基督徒。記住，直到完結才是完了。」

這正是我需要聽的說話。我正開始相信和接受自己的生命事實上已經完了。當我在那個晚上駕車去教會，我一直在想，這可能是我最後一個在聖誕活動中講道的聖誕節。這可能是我最後一個看到雪的冬天。這可能是我最後一個與家人共聚天倫的聖誕節。對我來說，這幾乎是完了。比爾接著提醒我想到貝拉。然後我祈禱：「神啊，幫助我認識到『直到完結才是完了』。」

有一天將要完結。有一天我會結束此生，並與基督進入永恆中。你也會這樣。人人也會這樣。不過我不想趕著進入天國。你還在讀這些靈修文章的這個事實，說明了你在地上的生命還沒有完結。所以，不要自以為你的生命已經完了。

晚間應許

神會供應，不過有時候祂會在最後一分鐘才來到。

「我兒，神必自己預備作燔祭的羊羔。」（創二十二8）

神對亞伯拉罕說話，並說："*Lech lecha*"（希伯來文，意即「前往吧」)。亞伯拉罕奉神的命令離開自己的本地、本族和父家，而神應許亞伯拉罕，他的後裔會成為大國，各族各民會藉著他而獲得祝福。這一切聽起來多麼好，不過還有一個根本的困難：亞伯拉罕和撒拉早已年邁而膝下猶虛。雖然如此，神遵守祂的諾言，他們在年老的日子生了一個名為以撒的兒子。他是應許之子。

過了一些日子以後，神試煉亞伯拉罕。祂說：「你帶著你的兒子，就是你獨生的兒子，你所愛的以撒，往摩利亞地去，在我所要指示你的山上，把他獻為燔祭。」(創二十二 2)童子獻祭已根深柢固地植入在亞伯拉罕年代的文化中。每當族中或村中出現危機，祭司便會指派一人當作祭品。他們這樣做是希望取悅諸位神明。也許亞伯拉罕假設他的神也像其他地上的神明那樣，這時也需要活人獻祭。無論亞伯拉罕在想甚麼，這都是難以置信的試驗。以撒是他的獨子。他明顯是開啟未來的鑰匙。而現在神要求亞伯拉罕奉獻這條開啟未來的鑰匙。

然後亞伯拉罕和以撒啟程往山上去履行這項可怕的行動。當以撒問到有關燔祭的羊羔時，亞伯拉罕回答:「我兒，神必自己預備作燔祭的羊羔。」他們在痛苦和不確定中啟程往山的那一邊時，公羊也啟程往山的另一邊去。在最後的一刻，當亞伯拉罕快要殺自己的兒子的時候，神制止他，並為他們預備了那頭羊羔。一些早期的拉比認為，那頭公羊是老遠從伊甸園來的。在這漫長的旅程中，牠延誤了，只能僅僅及時趕到。

這個故事對我大有裨益。當我啟程往患病的這座山上去時，知道每一步也是一個掙扎，神所供應的羊羔已經從山的另一邊前來。在適當的時刻，按照神的旨意，我們將會相遇。我不能看到牠，但是我知道牠就在那裏。我現在有恩典去面對醫生給我的壞消息嗎？沒有！我現在需要恩典去面對醫生給我的另一個壞消息嗎？需要！那麼恩典在哪裏？公羊已經在山的另一邊上來。我有恩典面對垂死的過程嗎？沒有！我需要恩典去面對垂死的過程嗎？需要！那麼恩典在哪裏？公羊已經在山的另一邊上來。神的恩典已經在途中了。而祂會在適當的時刻供應那份恩典，即使那是最後的一刻。

晨禱

神啊，幫助我不要憂慮。

我們知道不應該憂慮。耶穌親自說明了這一點。「所以我告訴你們，不要為生命憂慮吃甚麼，喝甚麼；為身體憂慮穿甚麼。生命不勝於飲食嗎？身體不勝於衣裳嗎？」（太六25）但是我擔心吃喝。我患上的疾病給我帶來的其中一項挑戰是，最終我吞嚥的肌肉會受到影響，並使我難以吞嚥。然後我要選擇使用直接插入胃的飼管（feeding tube）。所以我為吃喝而憂慮。我不是擔心將要吃甚麼或喝甚麼，卻是憂慮吃喝的基本動作。所以當耶穌告訴我不要憂慮的時候，這是個隱憂。

有朋友叫我不要憂慮。每當我表達自己對未來的擔心時，他們說：「嗨！朋友，別擔心。神會照顧你的。」他們說的倒容易；他們沒有患上末期病。他們不會展望自己日漸失去能力。他們不用面對死亡和垂死的過程。在你不需要被照顧的時候，相信神會照顧你是輕易的。但是當你為生命的終極問題而極度需要神的關顧時，停止憂慮便不是那麼容易。

不過，耶穌賜給我們盼望。祂繼續在馬太福音六章說：「你們看那天上的飛鳥，也不種，也不收，也不積蓄在倉裏，你們的天父尚且養活牠。你們不比飛鳥貴重得多嗎？」（26 節）那位十分關心飛鳥及其存活的神，也十分關心我及我的存活。而那位照顧和養活飛鳥的神，也會照顧和養活我。

看看窗外，找一隻鳥兒。神認識那隻鳥兒。神看著那隻鳥兒。神養活那隻鳥兒。神看顧那隻鳥兒。耶穌提醒我們，我們是比鳥兒更貴重的。神認識我們。神看著我們。神養活我們。神照顧我們。所以我學到了這樣祈禱：「神啊，幫助我不要憂慮。我知道祢愛我。我知道祢看見我。而我知道祢會照顧我。」而每次當我看到鳥兒，我都會記住這個應許。幸好，我住的地方有很多飛鳥。

晚間應許

我必不懼怕。

主曾說：
「我總不撇下你，
也不丟棄你。」
所以我們可以放膽說：
主是幫助我的，我必不懼怕；
人能把我怎麼樣呢？（來十三5～6）

希伯來書十三章5至6節比整本聖經中的其他經文，更幫助到我跟漸凍人症搏鬥。我尤其喜歡那「我必不懼怕」的短句。恐懼是在我們生命中使人氣餒的力量。尤其在你患了絕症或末期病時，恐懼尤其使人氣餒。我不怕死。畢竟，我知道自己會去哪裏。當我死的時候，我會「離開身體與主同住」（林後五8）。但是我懼怕垂死。垂死的過程是可怕的。

廣泛閱覽過關於漸凍人症的文章，我完全明白將來要面對的一切，而這不會是愉快的未來。依我這個特別的病例，神經中的神經元會壞死，而從腦到肌肉的電脈衝會停止運行。當這些事情發生的時候，肌肉便會停止活動，最後並會萎縮。現時，這些病徵已出現在我的雙手、手臂、胸口、背部和舌頭。根據預後（prognosis；編按：即根據經驗預測病情的發展），這疾病會繼續擴散。處於病患後期的人要坐輪椅，呼吸和吞嚥也有困難。最後，這疾病會殺掉病人。同時，整個病發過程中腦部卻運作良好。

我愈多想及將來，我便變得愈懼怕。有些人說我缺乏信心。我不肯定自己是否缺乏信心。我只是告訴你：「我害怕！」確診後不久，我學習到要暫停五分鐘。每當恐懼開始控制我的生命時，我會暫停，重複誦唸希伯來書十三章的經文：「主曾說：『我總不撇下你，也不丟棄你。』所以我們可以放膽說：主是幫助我的，我必不懼怕。」我會用整整五分鐘將這些文字誦唸一遍又一遍。在第一次誦諗時，我只是背誦這些文字，卻不是真心相信當中的真理。惟有當我一遍又一遍地重複誦唸後，我才真正相信這些真理。

我知道醫生會怎樣描述我的疾病，而我也知道自己的預後會是如何，不過我真的不曉得將來會是怎麼樣。雖然如此，我卻肯定知道掌管未來的那一位——神。而祂已經應許，祂必永遠不離開我或遺棄我。祂已經應許作我的幫助。無論我面對甚麼，祂也會在場。如果我需要選擇輪椅，祂會在場幫助我。如果我需要選擇飼管，祂會在場幫助我。如果我要選擇呼吸輔助器，祂會在場幫助我。而當我來到地上旅程的末段時，祂會在場幫助我。所以我繼續對自己說：「我必不懼怕！」

我把這些經文寫在三寸乘五寸的卡紙上，並且貼在牀邊的鏡子上。它們是我每個早上起牀第一眼看到的文字，也是我臨睡前最後看到的文字。當我的幼子跟陸軍國民警衛隊（Army National Guard）出征伊拉克時，我把其中一張貼在牀邊鏡子上的卡紙送給他。我想他知道，面對恐懼時，神與他同在。

晨禱

神啊，我把自己和我的未來完全交託於祢。

每天，我的生命都可被描述為一場控制權的交戰。當我要控制自己的生命時，我往往會處於困難中。我也傾向抑鬱，因為我不能為自己的疾病做甚麼。我卻仍然喜歡控制事情。不過，現實中，控制一切僅是假象而已。沒有人可以控制自己的生命或未來。所以，把我們的生命和未來的控制權交託給神，是當然的道理。對嗎？問題是，口中說要交託，比實際上去交託容易得多。

在確診後，我宣講了一系列關於管家的信息。在講道期間，我想到一個古怪的念頭。當時我談到首先把自己奉獻給主的哥林多教會。因此，我請一位司事拿一個奉獻盤來。然後，我告訴會眾，當司事把盤子傳來收奉獻時，每個人該把盤子放在地上，並站在盤子裏。所以，我把盤子放在地上，站在裏面，繼續在盤子裏講道。在結束講道前，我問：「你生命中哪一部分沒有放在盤子裏？你有甚麼是未曾交給神的？」

在第三堂崇拜後，我從後面的走廊走下來，我問自己同樣的問題：「你生命中哪一部分沒有放在盤子裏？你有甚麼是未曾交給神的？」當我從後樓梯走下去的時候，我醒覺到我的舌頭並不在盤子裏。我已經處理了不能使用手臂或腳的問題，可是我沒有處理到說話的問題。我沒有把自己的舌頭交給神。因此，我對神說：「我把自己的舌頭交給祢。我把自己的言語談話交給祢。如果這是我最後一次宣講的講章，我覺得是可以接受的。」這是我被確診後，第一次全然及完整地將一切交託於神。

有些會眾拍攝了那次講道的錄像，然後他們從我站在盤子裏的錄像中製作了一幀照片。在照片的下方，他們寫了家父給我的一些文字：「你是必不可少的，直到你在地上的工作完成。」我把這幀照片放在辦公室裏，不斷提醒自己，生命是在神的手中，而且我要在這個盤子中過我的生活。我其中的一個問題是，我經常離開這個盤子。所以我要不斷祈禱：「神啊，我把自己和我的未來完全交託於祢。」

晚間應許

信心不是沒有疑惑的。

耶穌對他説：「你若能信，在信的人，凡事都能。」(可九23)

有一個場合，一個男人把被鬼附的兒子帶到門徒前求助。孩子有很嚴重的問題。他的父親這樣描述：「他就口中流沫，咬牙切齒，身體枯乾。」(可九18)看著你的孩子受苦比你自己受苦更難受。我多麼寧願自己有這個疾病，也不願看到我的任何一個孩子患病。這個父親一定有同樣的感受，所以他把兒子帶到耶穌的門徒前。不過，門徒卻不能幫助他。

然後，那個男人把兒子帶到耶穌面前。邪靈立即把孩子扔倒在地上，孩子開始口吐泡沫。耶穌問那個父親，他的兒子維持這情況有多久。這個父親回答：「從小的時候。鬼屢次把他扔在火裏、水裏，要滅他。你若能作甚麼，求你憐憫我們，幫助我們。」（21～22節）耶穌回應：「『你若能？』……在信的人，凡事都能。」（23節）在福音書中，當耶穌醫治的時候，祂會引出有關信心的問題。祂給這個父親的答案，是給我們的共同答案：若你信的話，所有事情皆是可能的。

那個父親以福音書中非常著名和誠懇的表達來回應：「我信！但我信不足，求主幫助。」（24節）他承認自己既有信心也有疑惑。我經常在電視的宗教節目裏，看到「信心的醫治者」相信當耶穌釘死在十字架上，祂不僅為拯救我們而死，也會醫治我們。他們相信每個人都可以得到醫治，而一個人能否得到醫治完全是信心的問題。如果一個人有足夠的信心，他或她就能夠得到醫治。如果一個人不被醫治，是因為他缺乏信心。這種觀念會把大得難以置信的壓力放在病者身上。換句話說，如果我有足夠的信心，我會得到醫治，但是，如果我沒有足夠的信心，我便不會被醫治。

事實上，我有信心相信神能夠醫治我。不過，事實上我也有很多疑惑。有時候，我的信心勝過疑惑，其他的時候，疑惑勝過我的信心。我的生命是兩者的混合體。這是為甚麼我喜歡這個男子的故事。他誠實得足以向耶穌承認自己既有信心也有疑惑。耶穌沒有說：「你有足夠的信心時才回來。」祂沒有說：「擺脱那些疑惑，然後我才可以幫助你。」不！耶穌斥責邪靈，並且醫治那個男孩子。

門徒當時為此而感到困擾，他們想知道為甚麼他們不能把邪靈趕出來。耶穌説：「非用禱告，這一類的鬼總不能出來。」(29節)耶穌是提醒他們，勝過撒但的能力是透過祈禱而來的。所以，我從這個故事中學懂了兩件事情。第一，信心不是指沒有疑惑的。我可以相信神會醫治，同時也可以懷疑祂不醫治我。疑惑的存在，並不消除神蹟出現的可能性。第二，最基本的問題是祈禱。即使我有疑惑和疑問，我仍然能夠祈禱。而祈禱打開了從神而來的奇蹟的可能性。所以，當我看電視時，宗教領袖告訴我，我的奇蹟是在乎於我的信心，我會回想那個兒子被鬼附的男子的故事。我的奇蹟最終是由神來決定——而不是由我來主宰。而神會做甚麼，祂會在祈禱中回答。

第五天

晨禱

神啊，謝謝祢今早喚醒我。

過去多年，我跟社區裏的美籍黑人牧者建立了很好的關係。他們是與我一同事奉中最親密的朋友。我們一起敬拜和作工，也曾經同哭同笑。從他們身上，我對神和聖經的認識增加了。其中第一件我學到的事情是，美籍黑人牧者跟白人牧者的禱告是不一樣的。他們常常這樣開始祈禱：「敬愛的神啊，謝謝祢今早喚醒我。」

我記憶中沒有白人牧者會像這樣祈禱。美籍黑人羣體有一段久經苦難和掙扎的歷史。他們是以被壓迫的少數羣體的身分來讀聖經，而且他們受過的苦難影響了他們祈禱的方式。他們為到神賜下的每一天而感恩，認為沒有一樣事情是理所當然的。他們認識到生存的惟一盼望便是神。所以他們祈禱：「敬愛的神啊，謝謝祢今早喚醒我。」

就像我的美籍黑人弟兄，我也處於掙扎之中——與末期病的掙扎。所以我正在學習為到神賜下的每一天而感恩。我不能再活在過去，而前路看來也是渺茫的，所以我專注於今天。我認識到這一天是神給我的祝福。也許我不是在最健康的狀態，也許我不能做到我過去常做的事情，不過，我在這裏，我仍活著。這是從神而來的祝福。所以我正在學習，以這樣簡單的禱告來開始每一天：「敬愛的神啊，謝謝祢今早喚醒我。」

晚間應許

有時候我覺得自己像塊石頭。

「你手裏拿著你先前擊打河水的杖，帶領以色列的幾個長老，從百姓面前走過去。我必在何烈的磐石那裏，站在你面前。你要擊打

磐石，從磐石裏必有水流出來，使百姓可以喝。」(出十七5～6)

沙漠是一個難以生活的地方。幾年前，我於七月中在凱爾特乾河(Wadi Kelt)從耶利哥走到耶路撒冷，七月是一年裏其中一個最熱的月份，躲在蔭下也超過華氏一百度。當我們走了一整天，快要完成時，隊中有幾個人坐下，開始不由自主地哭起來。他們說：「我不能走下去了。我無法多走一步。」我也感到一樣。我得花僅餘的點點力氣，才能提腳踏前再走一步。

以色列的子孫從埃及被釋放出來後，他們在沙漠中流浪。不久，他們又餓又渴。為滿足他們的需要，神首先供應了嗎哪。嗎哪會在每個早上出現，他們收集足夠當天的分量。第六天，他們要收集足夠第六天和安息日所需的分量。神每天供應給他們。第二，神供應水。那些人開始埋怨，因為沒有水(出十七1～3)，於是，神給摩西指示：「你手裏拿著你先前擊打河水的杖，帶領以色列的幾個長老，從百姓面前走過去。我必在何烈的磐石那裏，站在你面前。

你要擊打磐石，從磐石裏必有水流出來，使百姓可以喝。」水從石頭流出，那些人就滿足了。

從這個故事中，我們學習到神在沙漠中會供應食物和水。同樣，當你患重病，你也在沙漠裏。舉步維艱。有時候你想坐下來，哭著跟神說：「我無法多走一步。」你又餓又渴，而神總是供應剛剛足夠讓你度過那一天的分量。

然而，我看這個故事時，我覺得自己很像那塊石頭。石頭不會產生水。它不能。它是石頭而已。石頭的構造不會促成它產生甚麼東西出來。這太艱鉅了。這是我對自己患上這個病的感覺。我覺得很辛苦。我動彈不得。我覺得被牢困。但是，在沙漠中，神行了奇妙的神蹟：祂讓水從石頭流出來。祂實現了不可能的事情。而我知道神在我的生命裏也能夠這樣做。當我覺得艱苦及被牢困，神能夠在石頭裏產生出水來。祂在我的生命中能夠實現不可能的事情。

疾病對神來說不是障礙。從人和醫學的角度看，它可以是一塊石頭。但是神讓水從石頭流出來。水代表生命。沒有水，以色列的子孫就會死在沙漠裏。沒有水，我也可能已在從耶利哥走到耶路撒冷的長途步行中死去。而現在沒有神的幫助，我也過不了新的一天。但是，祂讓水從石頭流出來，給我新一天的盼望與生命。當我覺得自己像一塊石頭時，我得著鼓勵。我知道神能夠在一塊石頭裏行出不可能的事情。所以，我求神今天在我的生命裏實現不可能的事情：「神啊，讓水從石頭流出來。賜我這一天的生命、盼望和力量。」

第六天

晨禱

神啊，賜我恩典，去放下家人。

當你被診斷患上末期病時，略過腦海的第一條問題是：我的家人會如何呢？我被確診後不久，我們的第一個孫兒出生。在她出生的那一天，我和太太去看這嬰兒。我把露西（Lucy）抱在臂中，把她獻呈給主。我祈禱的時候，我好想知道自己可不可以看到她成長。我會看到她上幼稚園嗎？我會看到她高中畢業嗎？我會看到她上大學嗎？我會看到她戀愛和結婚嗎？當我站在那裏抱著露西時，我的心裏有一陣深深的痛。我知道，這些問題的答案很可能都是

「不會」。

離開你的孩子、配偶和孫兒不是一件容易的事情。表面上，你努力裝著一切安好。你微笑，你大笑，你與他們交往，就像你以前常常做的那樣子。不過，在你心裏的深處，你不停擔憂自己和他們的未來。你想：**我只想看到他們長大。我只想與他們在一起**。離開他們的想法比處理自己的疾病與死亡的想法，更具壓迫感和困難。所以，我要學習去祈求：「神啊，賜我恩典，去放下家人。」

事實上，神會照顧我的家人。事實上，他們在神的手中比在我的手中，會有更好的景況。事實上，當我不在時，神也會扶持和引導他們。這樣，我的禱告就不是為他們祈求。神會看顧他們。我的禱告是為我自己祈求。我需要恩典去放下家人。所以我每天都在學習把家人安放在神的手中。每當我這樣做，我對未來會有一份深深的平安。不過，每當我開始感到家人需要我，而我也需要他們的時候，我會變得很消沉和情緒波動。在這一點上，我重拾對家人的控制。所以我一定要再次把家人交託給神，求神再賜我恩典，去放下家人。有時候我每天要這樣禱告幾次：「神啊，賜我恩典，去放下家人。」

晚間應許

不要憂慮。

「所以，不要為明天憂慮，因為明天自有明天的憂慮；一天的難處一天當就夠了。」(太六 34)

耶穌在登山寶訓中告訴我們不要憂慮。說來容易，付諸實行卻非常困難。對於過去，我毫不掛心。過去就是過去，我也不可以做甚麼來改變它。不過我擔心未來。而耶穌也就是藉著論及對未來的關注，開始祂有關憂慮的教導。「所以我告訴你們，不要為生命憂慮吃甚麼，喝甚麼；為身體憂慮穿甚麼。生命不勝於飲食嗎？身體不勝於衣裳嗎？」(太六 25) 請注意，祂用的動詞是將來時態——「吃甚麼，喝甚麼……穿甚麼。」耶穌知道我們最容易傾向於為未來憂慮。

我最憂慮未來。我再不能走路時，我會怎麼辦？如果我坐輪椅，又要改變家居來配合輪椅，我會怎麼辦？我走了以後，誰照顧我的太太？我走了以後，誰關注我的孩子？問題。問題。問題。清單繼續又繼續。憂慮的問題總不缺乏。我經常覺得自己像大衛。

我心在我裏面甚是疼痛；
死的驚惶臨到我身。
恐懼戰兢歸到我身；
驚恐漫過了我。
我說：但願我有翅膀像鴿子，
我就飛去，得享安息。
我必遠遊，
宿在曠野。
我必速速逃到避所，
脫離狂風暴雨。
（詩五十五 4～8）

我經常坐在門廊看窗外的鳥兒。當我看牠們的時候，我希望我有一雙翅膀，能夠飛翔，遠離我的煩惱和疾病。我想，**如果我能夠跟其中一隻飛鳥交換位置，那麼生活便會無憂！**接著，我記起耶穌在登山寶訓中關於憂慮的說話：「你們看那天上的飛鳥，也不種，也不收，也不積蓄在倉裏，你們的天父尚且養活牠。你們不比飛鳥貴重得多嗎？你們哪一個能用思慮使壽數多加一刻呢？」（太六 26～27）這段說話提醒我，當我很想自己像鳥兒那樣飛得遠遠時，神看顧那些鳥兒。神認識每一隻鳥兒，關心每一隻鳥兒，知道每一隻鳥兒在甚麼時候死亡。如果神會為鳥兒這樣做，祂豈不會更看顧我嗎？

那麼，關於不去憂慮，我的責任是甚麼？「你們要先求他的國和他的義，這些東西都要加給你們了。」（太六 33）當我把神放在我要做的事情的首位，祂會看顧我生命的一切細節。那麼，下次當你看到鳥兒的時候，記得神看顧那隻鳥兒，神也看顧你。也記得你的責任是首先尋求神。

第七天

晨禱

神啊，賜給我恩典，能夠放下工作。

過去的十九年，我一直是密歇根州（Michigan）大溪城（Grand Rapids）加略山教會（Calvary Church）的主任牧師。我熱愛我在大溪城裏每一分鐘的事工。我熱愛講道。我熱愛領導。我熱愛傳福音。我熱愛與人見面。我熱愛到醫院探訪。我熱愛主持喪禮和婚禮。我熱愛參與各部門和理事會的會議。這都是我領受呼召去做的事情，這些都是我愛做的事情。縱使我經歷了多次的挑戰、困難和失敗，我依然沒有想過去做牧職以外的工作。而我也沒有想過，我會在大溪城加略山教會以外的地方履行牧職。我正嘗試告訴你，我熱愛做牧者。

向加略山教會請辭是我做過的最為難的事情。我要用幾年時間才能鼓起勇氣去做。因著我的病，教會特別恩待我。他們准許我調節日程，減少我每週講道的次數。他們將教會的架構重組，使我不需要負責全部的行政及日常的職務。不過，我很快就發現，雖然我已經調節日程及減少工作量，我卻仍不能履行主任牧師的所有職責。所以，我要面對現實，教會需要其他人來擔任主任牧師。

密歇根州大學肌萎縮性側索硬化症診療所的主管醫生給我勸告，我很感激她。她告訴我，為著我的病情，我所能做到最好的事就是辭去加略山教會的牧職。所以從每年一度的複診回來後，我便通知理事會，我要從加略山教會的牧職退下來。我決定了，我要跟教會一刀兩斷。在過渡期間，我不會留下來，也不會出席教會的聚會。為了自身的健康和教會的健康，我覺得完全的斷絕是重要的。

放下被呼召去做的事情，對我而言是極度困難的。這是我十九年來惟一熟悉的生活。這是我惟一事奉了十九年的地方。我認識這裏的人、文化、社羣和教會。現在我為了十分不確定的未來而放下這一切，所以我不斷祈禱：「神啊，賜給我恩典，去放下工作。」而神回答了我的祈禱。某一個星期日，在我最後一次事奉後，我走下台階，與家人一起從後門離開。我坐上車子，最後一次駕車離開這停車場。當我駕車離開後面的車道時，我有如釋重負的感覺。我不再為教會負責了。所有的壓力減輕了。我自由了。

自那一個晚上，數個月過去了。雖然我非常想念加略山教會的所有人，但我知道自己做對了。而我知道，神已賜給我恩典去離開我在那裏的牧養事工。

對於往往把自我價值放在自己所做的事情上的人來說，放下工作是非常困難的，因為離開我們的工作對我們的自我價值有很深的影響。不過，神的恩典甚至在這方面也足夠我們用。所以我學習祈禱：「神啊，賜給我恩典，去放下工作。也賜給我恩典，看自己的身分過於我所做的事。」

晚間應許

我已淪為殘株。

從耶西的本必發一條；從他根生的枝子必結果實。耶和華的靈必住在他身上……（賽十一1～2）

以賽亞說了一個具有兩重意義的預言。第一，耶西支派會被砍掉，如分枝從樹幹被剪除那樣，淪為殘株。第二，從這支殘株會生出嫩枝，這嫩枝就是被應許的彌賽亞。耶路撒冷的居民在公元前五八六年被巴比倫擄走，大衛支派（耶西的後裔）被砍掉。儘管他們從被擄中歸來，重建耶路撒冷和聖殿，王朝卻結束了。這株樹已淪為殘株。

我明白那份感覺。看醫生一次，我便已淪為殘株。這好像我所有的分枝已經被剪除。我對未來的希望和夢想都已經被砍掉。看到兒孫長大的期望已經被砍掉。在另一個十五年的牧養事工中去傳道和事奉神的期望已經被砍掉。我已經淪為殘株。做這棵殘株並不好受。

雖然這樣，先知卻預言到，一條嫩枝會從這殘株中生出來，並結出果子。這是指將會來臨的彌賽亞——耶穌基督。

耶和華的靈必住在他身上，
就是使他有智慧和聰明的靈，
謀略和能力的靈，
知識和敬畏耶和華的靈。
他必以敬畏耶和華為樂。
（賽十一2～3）

神能夠拈來一棵殘株，叫這棵殘株生出的比它先前生出的更偉大。大衛支派被砍掉，不過從這棵殘株中，神卻差派祂獨一的兒子，以大衛後裔的身分來到世間。

這也是我的盼望。當我淪為殘株的時候，我信靠神能夠從這棵殘株引發生出一些枝子。以色列人被擄，大衛支派被砍掉，這是猶太人歷史的黑暗日子。雖然後來他們歸回，一切卻已經今非昔比了。但是，神甚至給他們未曾想像過的更美好的未來。對我來說，這是真實的。儘管我面對使人衰弱的末期病，我知道神會給我奇妙的未來。而未來不僅僅是在天堂裏。未來就在此時此刻。所以我祈求智慧的靈、聰明、謀略、能力和真知識。

第八天

晨禱

神啊，賜給我勇氣，

去懇求多年來我得罪過的人原諒我。

我被確診後不久，因為將要死亡的緣故，我決定要帶著無愧的良心而終。我知道，我的言行多年來得罪了一些人，所以我列出所有我得罪過的人。我決定要打電話或親自向每一個請求饒恕。對我來說，這是困難的。我知道，從聖經的角度而言，有些情況我是對的，而我得罪了的人是錯的。我知道他們會把我請求饒恕這件事情，理解為他們是對的而我是錯的。我知道他們會在朋友的圈子中，告訴他們我是完全錯的，並且我曾經請求饒恕。雖然這樣，我最後仍然決定，我所要做的、正確的事情就是去尋求原諒。無論他們做了甚麼，饒恕與否是由他們來決定，而不是由我自己去決定。

所以我開始打電話和約見他們。這個經歷是帶來釋放的。我知道我會帶著無愧的良心而終。我也列出一張離開了加略山教會或被放棄的職員的名單。我知道他們覺得教會對待他們的方式是大錯特錯的。所以我逐一尋找他們，代表教會向他們道歉。我給加略山教會最後的説話，在我最後的事奉中以短片的形式播出。其中的內容是：「謹向曾經因我的言行或沒有言出必行而被我得罪過的人，我懇求你們的饒恕。也向曾經因其言行或沒有言出必行而得罪過我的人，請你們明白，你被饒恕了。我想帶著無愧的良心離開加略山教會。」

患上末期病的其中一個祝福是，你有機會把破裂的關係復和。在我牧養的事工裏，我遇過很多的家庭卻沒有這個機會。若當時他們知道有家人快要離世，他們便會去解決彼此之間的分歧。不過，為時已晚。所以，讓我來鼓勵你，列出歷年來你可能得罪了的人的名單。先從家人開始，擴至朋友圈子和與你工作的同事。接著，求神給你勇氣去找他們，懇求他們原諒你。你能夠為自己做到的其中一件最好的事情是，在你離世前解決這些關係的問題。而你能夠為你身邊的人做到的其中一件最好的事情是，尋求他們的饒恕。

晚間應許

我持續沉落。有穩固的陸地讓我站立嗎？

他是磐石，他的作為完全；他所行的無不公平，是誠實無偽的神，又公義，又正直。（申三十二4）

我的病是會不斷退化和致命的。這個病不斷退化的情況是指，病情會持續地每況愈下。它先從我的右手和手臂開始。它已經擴散到我的左手和手臂。它也已經擴散到我的脖子、背、胃和舌頭。過去數年，這些地方的肌肉愈來愈衰弱。當我幾乎開始適應到某部位的衰弱，一些地方又同時變得更衰弱。沒有平地。沒有暫停，沒有暫時的解救。

大部分的末期病也是相似的。好消息後接下來的是壞消息，接下來的是更壞的消息，接下來的是稍為好的消息，接下來的是糟透的消息。猶如坐過山車。一天你在高處，一天你在低處。這個小時你覺得不錯，下一個小時你的心情卻很壞。你渴望穩定。這就像慢慢地沉入浮沙中，你渴望一些可以站立的穩固地。

當摩西臨到地上旅程的終結時，他把一些信息傳遞給以色列民。其中一項信息是以詩歌的形式表達的，可以在申命記三十二章找得到。這首詩歌的主題是神是磐石。

他是磐石，他的作為完全；
他所行的無不公平，
是誠實無偽的神，
又公義，又正直。(申三十二4)

在這首詩歌的後段，摩西説，神不像其他石頭。「據我們的仇敵自己斷定，他們的磐石不如我們的磐石。」(31節)神是**那**磐石，是甚麼意思呢？首先，意思是祂是你能夠站立在其上的穩固之地。當環繞你的一切事物不斷變動，包括你的健康，你可以依靠那不改變的神。當環繞你的一切是沉落的沙，祂是磐石。第二，如果一塊石頭夠大，它能讓你在酷熱沙漠的太陽下遮蔭乘涼。神是我們的遮蔭處，或是避難所。祂保護我們免於生命中不斷的酷熱。

你覺得自己好像不斷沉落嗎？你渴望一些穩定、一些讓你可以站立的穩固之地嗎？那麼，看遠一些。神就是你可以站立的磐石。摩西說：

我要宣告耶和華的名；
你們要將大德歸與我們的神。
他是磐石，他的作為完全；
他所行的無不公平，
是誠實無偽的神，
又公義，又正直。（申三十二 3～4）

現在，就對神說：「我宣告祢是我的神。我為祢是一位偉大的神而感謝祢。祢比我的疾病大。祢是我的磐石。祢做的一切是完全的。祢一切的道路是對的。因此，我要讚美祢。」然後，細想以下這首詩歌的歌詞：

主是我們的磐石，我們藏躲祂裏面，
暴風雨中之避難所；
任何災禍來臨，得穩妥，
暴風雨中之避難所。
哦，耶穌是疲乏之地裏的磐石
疲乏之地，疲乏之地，
哦，耶穌是疲乏之地裏的磐石
暴風雨中之避難所。
日間的遮蔭，夜間的保護，
暴風雨中之避難所；
無事可驚，無敵可怖，
暴風雨中之避難所。
驚濤駭浪雖環繞我們，
暴風雨中之避難所；
我永不離這安穩處，
暴風雨中之避難所。
神聖的磐石，珍貴的庇護所，
暴風雨中之避難所；

祢是永遠親近我們的扶助者，
暴風雨中之避難所。

弗農·查爾斯沃思（Vernon J. Charlesworth，1880年撰；中譯參《生命聖詩》289首）

第九天

晨禱

神啊，我們的神，宇宙的君王，我們稱頌祢。

幾年前，我的長子與我在本地的猶太會堂修讀了一個皈依猶太教的必修課程。我們修讀這個課程，不是因為想脫離基督教，而是純粹因為我們想更加認識猶太教。整整一年的每個星期一晚上，我們都聽拉比教導我們猶太人的生活方式。我們學習安息日。我們學習不同的節期。我們學到食用符合猶太教教規的食物所具有的意義。

其中一樣我們學習到的是，猶太教正式的祝福。當基督徒謝飯祈禱時，通常會求神祝福食物。從猶太教的觀點看，這是非常愚昧的。畢竟，神已經祝福了那些食物。祂降雨。祂發出陽光。祂供應耕種穀物的農地。祂賜農夫種植食物的能力，賜烘培師烘麵包的能力。所以，猶太人不會求神祝福食物，倒是會為這些食物而稱頌神。餐前他們這樣祈禱：「神啊，我們的神，宇宙的君王，祢從土地生產糧食，我們稱頌祢。」

這個祝福的首段是全日用來祝福神的慣用語句：「神啊，我們的神，宇宙的君王，我們稱頌祢……」他們為下雨、太陽和酒而稱頌神——他們甚至為了潔淨大腸而稱頌神。所以他們如廁時，這樣祈禱：「神啊，我們的神，宇宙的君王，祢潔淨大腸，我們稱頌祢。」

所以在生病期間，我開始為生命裏的所有恩典而稱頌神。我用這句正式的祝詞（我學習以希伯來文來祈禱），我每天稱頌神。我為到自己有淋浴和穿衣的能力而稱頌神。我為到扣鈕的能力而稱頌神。我為到把食物提起來送入口裏的能力而稱頌神，縱使我的右手已不能這樣做。我為了一切我能夠做到的，和從祂而來的每一樣恩典而稱頌神。

所以，讓我來鼓勵你今天就稱頌神。用這種同樣的祝詞，然後加上你個人的感恩事項。你想的話，你可以用「讚美」來代替「稱頌」。你稱頌神的時候，你不會像神祝福你那樣，為神增加價值。你讚美神，因祂是一切美好和完全的恩典之源。「神啊，我們的神，宇宙的君王，我們稱頌祢，祢……」

晚間應許

耶穌是阿拉法與俄梅戛。

「我是阿拉法，我是俄梅戛；我是初，我是終。」（啟二十一 6）

在耶穌說「我是初，我是終」這句話的前文中，約翰描述到天堂是一個再沒有死亡、悲哀、哭號或疼痛的地方。坐寶座上的那位（耶穌）說：「看哪，我將一切都更新了！」（啟二十一 5）然後說：「我是阿拉法，我是俄梅戛。」因為阿拉法是希臘文的第一個字母，俄梅戛則是最後一個。耶穌是在說祂是首先，也是末後。

我知道耶穌是我生命中的阿拉法。祂在開始的時候就在那裏。事實上，甚至在我出生之前，祂已經重要地介入我的生命。

> 我要稱謝你，因我受造，奇妙可畏；
> 你的作為奇妙，這是我心深知道的。
> 我在暗中受造，在地的深處被聯絡；
> 那時，我的形體並不向你隱藏。
> 我未成形的體質，你的眼早已看見了。
> （詩一三九 14～16）

從我成為胚胎的那一刻起，神已深深的介入我的生命。我出生時，祂在場。我是小孩時，祂在場。我是青少年時，祂在場。祂是我生命中的阿拉法。不過，祂也是我生命中的俄梅戛。當我來到世上旅程的結束階段，正預備交疊更替時，祂會作為我生命中的俄梅戛而在場。在我出生前與我同在的神，也將會是在我結束人生旅程時與我同在的神。

從開始到結束，神是神。從開始到結束，耶穌是耶穌。祂是首先，也是末後。換句話說，從始至終，耶穌是我所需要的一切。在使徒行傳七章 54 至 60

節中，我們讀到在司提反快要結束人生旅程的時候，耶穌在那裏與他相遇。他說：「我看見天開了，人子站在神的右邊。」羣眾變得極端憤怒，並開始向他扔石頭。當他們向司提反扔石頭時，他禱告說：「求主耶穌接收我的靈魂！」接著，他求神饒恕這些向他扔石頭的人。「說了這話，就睡了。」

在司提反的生命結束時，耶穌在那裏。這段文字簡略地說：「他就睡了。」我知道，當我臨到生命結束之時，耶穌將會與我同在，我希望，將會有這樣關於我的描述：「他就睡了！」

第十天

晨禱

神啊，我向祢承認所有已知的罪。

我們知道疾病與罪之間是有關係的。「心中安靜是肉體的生命；嫉妒是骨中的朽爛。」(箴十四30)大部分聖經時代的人物也相信，罪與疾病之間是有直接的關係。如果有人生病了，這意味著這個人的生命中還有未認的罪。甚至耶穌的門徒也是這樣的相信。「耶穌過去的時候，看見一個人生來是瞎眼的。門徒問耶穌說：『拉比，這人生來是瞎眼的，是誰犯了罪？是這人呢？是他父母呢？』」(約九1～2)耶穌排除了罪與疾病總是相關的想法。祂說：「也不是這

人犯了罪，也不是他父母犯了罪，是要在他身上顯出神的作為來。」(3節)

生病並非總是罪的結果，不過，有些情況卻是。所以當你被確診患上末期病時，正是你向神承認所有已知的罪的良機。你向神認罪，不應該預期你的疾病會獲得即時的醫治。但是，你可以期盼平安的心會把生命帶給你的身體，因為認罪帶來內心的平安，而內心的平安就把生命帶給整個身體。

所以，列出你所有的罪。一些你空言會做而沒有做的事情。對自己和別人心懷錯誤的態度。你直接叛逆神的時候。羨慕、妒嫉、惡意、情慾、驕傲、以及許多其他的事情。然後逐一向神認罪，求祂赦免。認罪對靈魂有益，對心靈有益，對你的生命也有益。它會把你從過往的捆綁中釋放出來。

晚間應許

我們活在瓦器中。

我們有這寶貝放在瓦器裏，要顯明這莫大的能力是出於神，不是出於我們。我們四面受敵，卻不被困住；心裏作難，卻不至失望；

遭逼迫，卻不被丟棄；打倒了，卻不至死亡。身上常帶著耶穌的死，使耶穌的生也顯明在我們身上。（林後四 7～10）

哥林多城以陶器工廠而聞名。他們精於製作非常薄透而質脆易碎的陶器。保羅寫信給這城中的教會，提醒他們基督住在人的瓦器中。這些瓦器雖然質脆易碎，然而卻有基督寶貝住在裏面。我的瓦器破碎了——你的也如是。我覺得自己跟保羅的遭遇非常相似。我處於困境。我困惑。我遭逼迫。我被打倒。翻譯成「打倒」的這個動詞其實是一個運動用語。在摔角中，它的意思是把人摔倒在墊子上。我覺得自己好像被摔倒在墊子上，而呼吸也被擊打出來了。

保羅繼續說：「所以，我們不喪膽。外體雖然毀壞，內心卻一天新似一天。」（林後四 16）保羅接受了一項重要的聖經原則。當肉體健康狀況變差時，靈性卻可以更加健康。當肉體開始變得衰弱，我們可以每天更堅固。這意味著當我的疾病愈嚴重、健康漸差時，我的靈命應該進步。注意，這樣的更新是每一天的事情。我昨天經歷的更新不足夠今天所需。我今天需要再被更新。我今天經歷的更新也不足夠明天的所需。我需要每天讓裏面的自己得到更新。正如我的病每天都更嚴重，因此我的靈命應該每天都變得更好。

那麼我們可以怎樣每天更新呢？我們藉著祈禱、閱讀神的話語、感謝神、享受與他人的友誼、接受神的恩典與力量而得到更新。對於患重病的人來說，其中最大的挑戰是他們不想祈禱、閱讀或為身邊有他人的陪伴而感恩。我發現到，在我自己的歷程中，每天的簡短祈禱與讀經，以及與朋友短聚是一種更新自己的好方法。

保羅這樣總結了他對受苦的討論：「我們這至暫至輕的苦楚，要為我們成就極重無比、永遠的榮耀。原來我們不是顧念所見的，乃是顧念所不見的；因為所見的是暫時的，所不見的是永遠的。」（林後四17～18）請留意，保羅以「至暫至輕」來形容他的苦楚。你讀完整章經文後，你會發現他的苦楚絕對不輕。不過，保羅明白到，比起永恆，這些苦楚是至暫至輕的。我的病也是如此。所以我將焦點調校在永恆上——不是短暫無常之上。

第十一天

晨禱

神啊，幫助我在驚歎祢是誰之中迷失。

當我第一次被診斷患上這個病，我希望一些真心相信祈禱醫治的人來為我抹油和禱告。所以我打電話找我的好友韋恩．本森（Wayne Benson），他是大溪城神召會（First Assembly of God）的前任牧師。我知道他相信祈禱醫治，所以我請他和他的太太過來，為我抹油。

他們來到的那個晚上，是我一生裏其中一個最具權能的晚上。本森和他太太與我和我太太共度數小時。他們談及祈禱醫治。他們說到教會裏的一些人被抹油後神奇地得到醫治的故事。他們也說到一些人被抹油而沒有神奇地得著醫治的故事。本森在替我抹油前，給我忠告：「別變得沉迷於祈禱醫治。迷失在對神的驚歎之中，誰曉得神會為你做甚麼。」**迷失在對神的驚歎之中**。我已經迷失在對自己的疾病的驚歎之中。現在有人告訴我要迷失在對神的驚歎中。

所以，我努力把焦點移離自己的疾病及保持在對神的驚歎之中。那位創造和維持宇宙的神。那位創造我的神。那位讓我得著生命的神。那位比起集結世上所有醫生更了解我病情的神。那位有權能觸摸我的身體和扭轉疾病對我的蹂躪的神。

最近，我在一個杳無人迹的地方露營過夜。我們在荒野的小湖邊架起帳篷。天空朗清，我從來不曾仰望過猶如那個晚上般明亮的星空，彷彿我能伸手觸星。我躺臥在地上，用很長的時間看星。然後，我醒覺到那位創造所有星宿的神，就是那位愛我又差派耶穌來證明祂的愛的神。這位神關心我。祂沒有派自己的兒子去拯救星宿。祂卻差派兒子來拯救我。這是我覺得自己迷失在對神的驚歎中的其中一刻。我依然禱告：「幫助我迷失在對祢的驚歎之中。」

晚間應許

你只需要祂。

我知道怎樣處卑賤，也知道怎樣處豐富；或飽足，或飢餓；或有餘，或缺乏，隨事隨在，我都得了秘訣。我靠著那加給我力量的，凡事都能做。……我的神必照他榮耀的豐富，在基督耶穌裏，使你們一切所需用的都充足。（腓四 12～13、19）

這是聖經中最奇異的應許：我們藉著那位把能力注入我們裏面的耶穌基督，甚麼事情也可以做到，而神在任何時刻也會滿足我們的需要。當你面對重病時，這些應許尤其要緊。比起其他事情，我更需要的是認識到我能夠做的所有事情，以及神會滿足我一切需要。保羅在非常困難的處境中寫下這些應許——他當時身繫囹圄。思想一下每個應許中包含的每一個字。

「凡事都能作。」有時候我在早上很難下牀。有時候我很難面對家人和朋友。有時候我很難處理工作上的問題。有時候我不能面對明天的不確定。有很多事情我做不來。但是神應許，藉著耶穌基督，我凡事都能作！其中的關鍵在於，我要明白到我做的事情不是靠自己的能力去做。反而，我是靠神賜給我的力量去做。所以，做到每件事情的關鍵在於倚靠神的權能，而不是我自己的能力。

「我的神。」那位把力量注入我裏面的，不是一些飄浮在空中的抽象靈體。祂是「我的神」。祂認識我。祂創造我。祂知道發生在我肉身的事情。祂知道我的病的每一個細節。祂知道我的未來。這是我的神！

「使你們一切所需用的都充足。」這是來自絕對的神的絕對應許。這不是臆測。這不是「也許」祂會滿足我的需要。這個真理是，祂會滿足我一切需要。我所面對的事情跟你所面對的有分別。你的需要與我的需要不一樣。你的情況跟我的情況也不一樣。不過，這應許超越我們的不同。它會滿足你的需要、我的需要和每一位倚靠神的人的需要。

「必照他榮耀的豐富。」神從來不會破產。從祂榮耀的豐富裏，祂會為我的需要、你的需要、每個人的需要而供應。而當祂供應我們所有需要之後，跟祂開始供應時相比，祂本身的豐富並沒有減少。

「在基督耶穌裏。」「願頌讚歸與我們主耶穌基督的父神！他在基督裏曾賜給我們天上各樣屬靈的福氣。」(弗一3)祂為滿足我們的需要而做所有的事情，都因為我們是在耶穌基督裏。

你需要能力嗎？神已經應許加給我們力量。你有需要嗎？神已經應許從祂在耶穌基督的榮耀豐富中滿足你的需要。一次又一次去誦讀這些經文。牢記它們。繼續唸誦。我想不到有甚麼經文更適合我們這些與重病搏鬥的人。

晨禱

神啊，賜下一些事物來讓我發笑。

我記得曾經看過一個故事，是關於一個病得很重，並且住在醫院裏面的醫生的。他在極度痛苦之中，似乎沒有藥物可以減輕他的苦楚。眾醫生進行每一項可能的治療試驗，卻都遭受挫折。他們無法找到病源，也無法減輕痛楚的程度。對這個醫生來說，未來似乎並沒有希望。當他躺在醫院的病牀上時，他開始看電視。他看《活寶三人組》（*The Three Stooges*）。而正當他看這電視節目的時候，他開始笑。他立即發覺到，當他笑的時候，他的痛楚就離開。所以他開始看很多集《活寶三人組》。他愈笑得多，感覺就愈好。他簡直是把健康笑回來。

當你病危時，沒有甚麼事物是會讓人發笑的。關於你的病和未來的每件事情，都是黑暗低落的。你作的每個決定都影響你的生命和未來。但是，別忘記笑。我被診斷患上漸凍人症後的一天，我在就近的健身中心跑步。我通常都在同樣的時間跑步，所以我認識在那段時間跑步的每一個人。當我走到轉角位，我經過一個我認識的、經常來跑步的年輕女士，並問候她。「我快要死呢。」她回答。「我也是！」我說。餘下在跑徑上的路程，我笑了又笑，笑了又笑。這感覺非常好。

數天後，我回到辦公室，門前放置了一個美麗的花籃。我想，**這真的很特別。有人想到我和我的病，就想到要鼓勵我**。我俯身看那張卡，發覺這是殯儀館送來給我的。我笑了又笑，笑了又笑。

不過，我得告訴你，笑的時刻是很少的，很久才一次。所以我經常祈求：「神啊，賜下一些事物來讓我發笑。」當我想看電視，我通常會選擇喜劇。當我想看電影，我通常會選擇喜劇。昨天，我們跟幾個好友共進晚餐，其中大部分時間也在一起發笑。我無法告訴你，面對末期病時，這些感覺有多美妙。所以今天笑一笑吧。

晚間應許

學懂喜樂——無論在甚麼處境。

匠人所棄的石頭已成了房角的頭塊石頭。這是耶和華所作的，在我們眼中看為希奇。這是耶和華所定的日子，我們在其中要高興歡喜！（詩一一八 22～24）

耶穌在被出賣的那一夜，召集門徒在閣樓相聚以慶祝逾越節。用餐時，祂掰開了餅，告訴門徒，那塊餅表徵了祂的身體，這個身體將為他們而破碎損傷。然後，祂拿起了酒，宣告這是為了饒恕眾人的罪而以祂的血立新約的酒。飯後，他們唱了一首歌，然後走進黑夜中。他們唱甚麼？他們唱了《讚美上主之詩》（*Hallel*），其中包含了詩篇一一三至一一八篇。前兩篇詩篇在晚飯開始時唱，其餘的在晚飯結束時唱。

在詩篇一一八篇的第一部分裏，詩人說到神的恆久之愛。「你們要稱謝耶和華，因他本為善；他的慈愛永遠長存！」(1節)事實上，那句「他的慈愛永遠長存」重複了四遍。詩人也說到耶穌被拒絕和受苦。「匠人所棄的石頭已成了房角的頭塊石頭。」(22節)然後，詩人說：「這是耶和華所定的日子，我們在其中要高興歡喜！」(24節)

在最後的晚餐中，耶穌面對十字架。祂暗自明白到前面艱鉅的道路。除了被釘十字架所帶來肉體上一切的痛楚，祂還知道，祂要承受整個世界的罪。有一剎那，祂要替代我們承受永恆的地獄之苦。祂曉得，在那個小時的幽暗中，父神會別過臉來背向祂，祂不得不這樣說：「我的神！我的神！為甚麼離棄我？」(太二十七46)完全的神子背負了我的罪。接著，祂承受那罪的懲罰，忍受神為對抗所有時間裏的罪而帶來的公義和烈怒。祂暗自明白到面前的會是甚麼。可祂還是說：「這是耶和華所定的日子，我們在其中要高興歡喜！」

如果耶穌能夠在祂面對十字架前的數小時唱詩，我面對自己所要面對的事情時，也能夠唱詩。祂說，其中一個門徒會出賣祂。彼得三次不認祂。所有門徒都逃離四散。祂被誣衊控訴至死。祂背負自己的十字架，被釘在其上。祂為了饒恕眾罪而流血。在那最深的絕望中，父神背向祂。祂仍然能唱：「這是耶和華所定的日子，我們在其中要高興歡喜！」

「神啊，我知道我現在不是面對十字架。我沒有遭到出賣或拒絕。我不是承擔世界的罪。而在我最深的絕望中，祢不曾撇棄我。所以，求祢幫助我來唱頌！」

今天是主所定的日子，
今天是主所定的日子。
我們在其中要歡喜，
我們在其中要歡喜。
今天是主所定的日子。
我們在其中要歡喜。
今天，今天
是主所定的日子。

勒斯・加勒特（Les Garrett）

第十三天

晨禱

神啊，幫助我不去理會別人的負面說話，
提醒我，他們是懷著好意的。

當你患上末期病，別人會向你說很多又愚笨又負面的說話。我知道他們心懷好意，但是他們毫不曉得，這些說話對你的影響有多大。一些人對我說：「啊，你有末期病。嗯，你知道吧，我們都不免一死。」他們無法明白的是，我們頭腦上認知自己正朝向死亡，但是，我們這些身患絕症的人會**感受到**自己正朝向死亡。在認知與感覺之間有著很大的鴻溝。肌肉的痙攣衰弱和那些我不再做得來的事情，都恆常不斷地提醒我已時日無多，要數算自己的日子。我覺得我裏面深處的靈正在垂死。那些不是正在面對末期病的人會高興地說：「嗯，我們都不免一死。」從他們身上，我得不到甚麼安慰。

其他人嘗試這樣鼓勵我：「我舅父病發六個月內便死於同樣的疾病。或者你可以跟我舅母聊聊，從中會得到一些鼓勵吧。」我不想跟一些很快死於同樣疾病的人聊天。如果我要跟有這個病的人聊天，我會跟那些曾與這個病打仗、惡化減慢並仍然活著的人談話！其他人曾說：「你需要看看《最後 14 堂星期二的課》(*Tuesdays with Morrie*)這部電影。它會真正的鼓勵你。」再說，我不想看一部關於有人死於這個病的電影。如果我要得到鼓勵，我想被那些病情發展緩慢及生存了一段更長時間的人鼓勵。

起初，那些提出負面意見的人頗為冒犯了我。不過，後來我了解到他們不明白我正在經歷甚麼。他們真心想幫我。而他們以為自己的意見對我大有裨益。他們想做點事情，而這就是他們能夠想到最好的方法。所以，我不應覺得被人冒犯。我學習到感謝他們，縱使我沒有按照他們的意見而行。當中有一樣危機，就是接納負面意見，而任由它影響你對這個疾病的看法。所以，我祈求：「神啊，幫助我不去理會別人的負面說話，提醒我，他們是懷著好意的。」

晚間應許

學習處理肉體中的一根刺。

又恐怕我因所得的啟示甚大，就過於自高，所以有一根刺加我肉體上，就是撒但的差役要攻擊我，免得我過於自高。為這事，我三次求過主，叫這刺離開我。他對我說：「我的恩典夠你用的，因為我的能力是在人的軟弱上顯得完全。」（林後十二 7～9）

我們不知道使徒保羅的那根刺是甚麼。我只知道這是與他的肉身有關。也許，這是疾病或殘疾。我只知道那根刺使他困擾，也使他謙卑下來。他說這可以使他避免自高自大。疾病使人謙卑。它會擊倒你所有的驕傲。

保羅做了我們所有人在面對肉身的一根刺時會做的事情——他祈禱了。他「三次求過主，叫這刺離開

〔他〕」。我們知道，保羅有禱告醫治的恩賜。在他前往羅馬見凱撒的路程上，他在馬耳他島（譯按：即現在的馬爾他島國）遇上船舶失事。島長的父親病了，於是保羅去看他。保羅把他的雙手放在他身上，為他祈禱，並且醫治了他。「從此，島上其餘的病人也來，得了醫治。」（徒二十八9）保羅有醫治的能力，這種醫治是配合祈禱進行的。縱使保羅有醫治別人的能力，卻能醫不自醫。他祈禱了，不過他沒有得到醫治。

取而代之，神給他一個值得留意的答案。「我的恩典夠你用的，因為我的能力是在人的軟弱上顯得完全。」神沒有回答保羅的祈禱。起碼，祂沒有如保羅所預期或祈求的方法回答。不過，祂確實回答了。神以提醒保羅，祂的恩典與能力是足夠的來回應他。事實上，保羅是透過自身的軟弱而發現神的能力。保羅繼續說：「所以，我更喜歡誇自己的軟弱，好叫基督的能力覆庇我。我為基督的緣故，就以軟弱、凌辱、急難、逼迫、困苦為可喜樂的；因我甚麼時候軟弱，甚麼時候就剛強了。」（林後十二9～10）

在軟弱中。

在淩辱中。

在急難中。

遭到逼迫。

在困苦中。

我不肯定自己是否跟保羅有同樣的感覺。我從來沒有為軟弱、淩辱、急難、逼迫、困苦而興奮。不過，保羅興奮過。為甚麼？因為他了解到在他最軟弱的時候，他會發現最多神的能力。而神的能力總是補足了我們的軟弱。到我面對自己肉身中的刺時，我會不斷祈求神舒緩我的病情和醫治我。我已經求問超過三次。我知道如果神選擇不醫治我，祂會給我最大的力量和能力去處理這些軟弱。對於這一點，我是可以有信心的。

第十四天

晨禱

神啊，幫助我不懼怕，因為祢與我同在。

我不懼怕死亡。畢竟，我知道自己會去哪裏。但是我懼怕垂死的過程。幾乎所有曾與我聊天的末期病患者都有同樣的感覺。我們知道我們將會去哪裏，不過，我們懼怕那必須經歷的臨終過程。每當我想到那段過程，便會開始陷入絕望中。我愈多想它，便陷得愈深。在我被確診後不久，我遇到一些幫助我度過最黑暗時刻的經文。

「因為主曾說：『我總不撇下你，也不

丟棄你。』所以我們可以放膽說：主是幫助我的，我必不懼怕。」(來十三5～6)

「因為主曾說：『我總不撇下你，也不丟棄你。』所以我們可以放膽說：主是幫助我的，我必不懼怕。」(來十三5～6)

「因為主曾說：『我總不撇下你，也不丟棄你。』所以我們可以放膽說：主是幫助我的，我必不懼怕。」(來十三5～6)

「因為主曾說：『我總不撇下你，也不丟棄你。』所以我們可以放膽說：主是幫助我的，我必不懼怕。」(來十三5～6)

「因為主曾說：『我總不撇下你，也不丟棄你。』所以我們可以放膽說：主是幫助我的，我必不懼怕。」(來十三5～6)

如果你只唸這段經文一次，而跳過其他重複的，返回再唸吧。每當我陷入絕望中，我也會暫停五分鐘。我會在整整五分鐘裏重複誦唸這個應許一遍又一遍。五分鐘後，我會開始相信自己唸過的經文。你可以把這段經文成為你每天的禱告。每當你害怕未來和整個垂死的過程時，你可以把這些經文當作自己的禱告。事實上，我在第三天曾提及過，我曾把這些經文寫在三寸乘五寸的卡片上，把它們放在我的鏡子上。那麼每個早上它們就是我進入洗手間時看到的第一樣東西。我的幼子跟隨陸軍國民警衛隊出征伊拉克時，我取出這些卡片送給他。我希望他明白，神在他遠征的每一英里也與他同在。

依我的經驗，光是唸這段經文一遍是沒有甚麼作用的。惟有在我唸完一遍又一遍、一遍又一遍後，我才真正開始相信這段經文是真實的。所以我祈禱：「神啊，幫助我不懼怕，因為祢與我同在。」

晚間應許

我的救贖主活著，我會親眼看見祂。

我知道我的救贖主活著，末了必站立在地上。我這皮肉滅絕之後，我必在肉體之外得見神。我自己要見他，親眼要看他，並不像外人。我的心腸在我裏面消滅了！（伯十九25～27）

約伯的故事是整部聖經裏其中一個最令人滿有疑團的故事。數日間，約伯失去孩子、健康和財富。他失去一切。在絕望中，他的妻子叫他「棄掉神，死了吧」(伯二9)！從這個故事，我們知道是撒但引致約伯生命中的這一切悲劇。我們也知道，神允許撒但這樣做。如果神是全能的，而且是愛我們的，為何祂允許撒但毀滅約伯的生命呢？整卷約伯記都專注於這些問題之上，而沒有提供完全圓滿的答案。

約伯回應這些不公義的事情，說：

> 我知道我的救贖主活著，末了必站立在地上。我這皮肉滅絕之後，我必在肉體之外得見神。我自己要見他，親眼要看他，並不像外人。我的心腸在我裏面消滅了！(伯十九25～27)

約伯理解到神是他的救贖主。他與神有個人的關係。因為這段個人的關係，就算當生命變得不合理的時候，他仍然信靠神。約伯也認識到，比起短暫的事物，這段關係對生命更重要。他宣告，自己的皮肉毀滅的時候，在肉體以外也會見到神。他繼續強調這一點：「我自己要見他，親眼要看他。」

約伯的現實由兩個理念塑造而成：第一，他與神有個人的關係；第二，有一天他會見到神。雖然這些理念不能完全解釋那些他經歷過的可怕的苦難，卻幫助他在掙扎中堅持著。我想知道這些問題的答案，為甚麼是我，為甚麼是現在，為甚麼是這個病；但是我現在完全醒悟到，我永遠不能完全參透這些問題的答案。它們會伴隨我進入墳墓裏。我知道的是，即便是這樣，神是與我同在的，生命完結時，我將會與神同在。

所以，無論你面對甚麼，記得神現在與你同在。記得如果你把自己的生命委身給基督，這一刻，面對疾病，神與你同在——你的救贖主活著。而生命終結時，你將會與神同在。

第十五天

晨禱

神啊，提醒我，這是「如果」，而不是「當」。

凡是真實的、可敬的、公義的、清潔的、可愛的、有美名的，若有甚麼德行，若有甚麼稱讚，這些事你們都要思念。（腓四 8）

多年來，我們其中的一個聖誕傳統是與幾對夫婦共聚晚餐。這是我們一年裏其中一個最精彩的時刻。我們總是去同一間屋，與相同的夫婦們圍著餐桌而坐。我們吃。我們聊天。我們笑。我們哭。這是多麼美妙的晚上。上一次我們團聚時，聚會地點的女主人患有末期癌症。她是我遇過其中一個最值得注意的女士。她是個妻子、媽媽、祖母和大學教授。當時，她已經與癌症搏鬥了幾年。

她拒絕把這種搏鬥稱為抗癌戰爭。她認為，當你在戰爭中，你會部署所有的資源來應付這場戰爭。她不想這樣做。她相信，生命中有更多的事情，而不是只有癌症。如果她要把所有的精力用來對抗癌症，她的生命自然會萎縮，所以，她繼續將生命活得最豐盛。她很有趣。她倔強。她是我遇過最勇敢的人之一。

那個晚上我們坐下共膳，坐在我身旁的女士問及我的病情。我開始告訴她，我的右手衰弱。「最後，我會失去使用手指的能力。所以，上個星期醫生跟我說，我應該開始用左手寫字，那麼，當我的右手失去能力之後，我仍然能夠寫字。」

那位患癌的女主人坐在餐桌的對面，聽見我們的對話。正當我憶述醫生對我說的話，她立即說：「這是『如果』，而不是『當』。」

多麼深刻的洞察力！我只想到這是甚麼時候發生的事情。但事實上，就這方面而言，我仍然能夠寫字和使用右手來做一切的事情。我並沒有失去使用它的能力。不過，我已經落入負面的思想，假設自己不能使用這隻手的時候會來臨。我的朋友提醒我，真正的癥結是我應該假設「如果」，而不是想像「當」發生時的情形。這份洞察力提出了思想上奧妙的不同之處。想到「當……」是負面的。想到「如果……」是正面的。那一刻，我發現到為甚麼我的朋友活得比所有醫生的預後估計更長久：她以「如果」活著，而不是「當」。我往往是思想負面的人。我想及最壞的場面，然後，我發覺這不是祝福。所以現在我祈禱：「神啊，提醒我，這是『如果』，而不是『當』。」

晚間應許

凡事都有定期。

> 凡事都有定期，天下萬務都有定時。生有時，死有時；栽種有時，拔出所栽種的也有時；殺戮有時，醫治有時；拆毀有時，建造有時；哭有時，笑有時……（傳三 1～4）

凡事都有定期。你正經歷非常困難的時刻嗎？稍停。快變得較好了。你正經歷好時光嗎？稍停。快變得更糟了。生命日復一日而永不一樣。我尤其喜歡傳道書裏「哭有時，笑有時」的想法。我用了人生的大部分時間來笑。畢竟，我是愛爾蘭人，愛爾蘭人都愛笑。

你可曾聽過關於一個愛爾蘭人來到美國，定居波士頓的故事嗎？他在每個星期二都會到酒吧，點四品脫的健力士黑啤，然後將之喝光。這習慣持續了幾個月。最後，酒保問：「你每個星期二進來喝四品脫健力士黑啤，這有甚麼特別的含意嗎？」「對，有的。」那位愛爾蘭人說。「我在愛爾蘭習慣與三個朋友每逢星期二去酒吧，我們每人各飲一品脫。然後我移民到美國。所以每個星期二我都來到酒吧，為他們每一個飲一品脫。」大概一年後，那個愛爾蘭人在某一個星期二進來，點了三品脫，而不是四品脫。他這樣做了幾個星期。最後，酒保問他：「你其中一個朋友發生了甚麼事情？過去幾個星期，你只喝了三品脫，而不是四品脫。」愛爾蘭人說：「完全沒事，我的朋友全都安好。我只喝三品脫，因為我為了大齋期而戒酒。」（請別因這個關於酒吧和喝酒的故事而覺得被冒犯。你知道我是愛爾蘭人。儘管笑吧。請繼續看下去。)

我熱愛生命，而且我愛笑。不過，比起笑，有其他事物更影響生命。我也有哭的時候。而這五年來，我已經哭夠了我的份兒。我為到個人失去活動能力而哭。我哭過，因為我不能夠再做到我往常能夠做的事情。我哭過，因為這個疾病強迫我辭去教會的牧職。我哭過，因為如果我説得太多，我會開始口齒不清。我哭過，因為我很難在電腦上打字。我哭過，當我看到妻兒應付我這個病。為到他們因這病所承受的，以及我為了自己因這病所承受的，哭得一樣多。我學懂了笑有時，哭有時。

患病、疾病和健康是生命週期的所有部分。這些是我們每一個將會面對的事情。生命不總是常常美好。生命也不總是常常糟糕。生命是好與壞、疾病與健康、笑與哭的混合。那麼，我學了甚麼？在生命美好時，感謝神。在生命糟糕時，求神幫助你。在患病時，祈求醫治。在健康時，為此感謝神。當那是笑的時候，從你肚皮的深處笑出來。而當那是哭的時候，別強忍。我寧願要美好的時光、健康和笑。不過，如果沒有糟糕的時候、患病和哭泣來平衡它們，那麼，美好的時光不會看來那麼美好，健康不會看來那麼美妙，笑也不會看來那麼有趣。所以今天我計劃笑一點，哭一點。

第十六天

晨禱

神啊，幫助我遺下無形的財富給家人。

我在加略山教會的最後一次崇拜，非常激動人心。會堂裏座無虛席，有些人站在旁邊。幾個房間充滿了人。十九年後，得出這樣的結果。詩班唱詩。大家分享神如何改變了他們的生命。其他牧者也分享。大家以錄像來問安。然後，我太太和我在前面跪下來，我們被委派事奉整體教會。我被幾千個我愛的和愛我的人包圍著。他們當中很多是透過我的事奉而來到接受信仰。其他人在主裏成長。一些人因為我的講道而作全時間事奉。這是一個有益、讓人豐富和充滿權能的晚上。

崇拜結束時，我和家人踏上講台的階梯，從後門走出去，走下門廊，進入停車場，然後駕車回家。在肉體和情緒上，我都不能站起來與那晚所有出席的人握手，所以我決定就此離開。當我上車時，我有難以置信的釋放感。我離開加略山教會和教會的幾千人。我只與家人走出來。這是滿有能力的提醒，前面的旅程，最要緊的是我的家人。所以我祈求：「神啊，幫助我遺下無形的財富給家人。」

我服務加略山教會的多年間，主領了超過四百多個喪禮。我總是在開始前先跟家人見面，商討有關他們想說的話和想做的事情。與家人會面期間，我會問問他們有關死者的資料。我記下他們說的，嘗試以之作為喪禮中默想的資料。有時候，其中的反應又大又即時。配偶、孩子、孫兒說到這個人對他們有多重要，如何影響他們的生命。他們回想這個人的一生時，通常是交雜著許多笑聲和許多哭聲。不過有時候，也會有很尷尬的靜默，當中只談及很少關於死者的事情。我立即明白到，死者對這個家庭有非常負面的影響，以致家人不想坦白說出死者的真實情況。那個人沒有留下無形的財富給家人。

因為我僅餘有限的時光，我想確定，我把時間和努力傾注在自己的家庭中。我不希望加略山教會中的幾千人讚賞我，如我希望家人讚賞我一般多。畢竟，當壓力來到，以及你要面對不確定的未來時，你從幾千人中走開，而與家人一起步出。所以，我禱告：「神啊，幫助我遺下無形的財富給家人。」

晚間應許

我們所有人都需要朋友同行。

「我們二人曾指著耶和華的名起誓說：『願耶和華在你我中間，並你我後裔中間為證，直到永遠。』如今你平平安安的去吧！」（撒上二十 42）

約拿單和大衛是最要好的朋友。約拿單是掃羅王的兒子，亦是王位的合法繼承人，不過，神拒絕掃羅家族，因為掃羅不順服祂。反而，大衛已經獲撒母耳膏立為以色列的新君王。掃羅憎恨大衛，多年來企圖把他置於死地。可是，約拿單和大衛仍然是最要好的朋友。

有一次，掃羅邀請大衛來皇宮出席宴會。大衛害怕失去自己的生命，所以決定不赴約。大衛希望約拿單為他著想而設法留意當時的情況。如果掃羅在宴會中表示掛念大衛，那麼他就能安全赴約。不過，如果掃羅發怒，那麼大衛的生命便危在旦夕。掃羅發怒了，所以約拿單偷偷跟大衛見面，告訴他在宴會中的情況。他們二人都明白到，掃羅想殺死大衛。然後，「約拿單對大衛說：『我們二人曾指著耶和華的名起誓說：「願耶和華在你我中間，並你我後裔中間為證，直到永遠。」如今你平平安安的去吧』」（撒上二十 42）！

大衛學懂了，當有人要來殺死你，你需要一個好朋友。當你患上能置你於死地的疾病，你也需要好朋友。我最親密的朋友是我的配偶。她是一座力量的塔。她給我鼓勵、力量和希望。我也有幾個朋友與我同行。其中一個是患上同樣疾病的女士。雖然她現在需要坐輪椅，但她對疾病的頑強態度和不願意妥協，大大鼓勵了我。我們嘗試每月見面一次，而我總是在跟她聊天的時候得到鼓勵。

大衛的兒子所羅門曾說到好朋友的重要性。「兩個人總比一個人好，因為……若是跌倒，這人可以扶起他的同伴。」（傳四 9～10）除了人間的朋友，我們也有一個朋友「比弟兄更親密」（箴十八 24）。這位朋友就是耶穌。「人為朋友捨命，人的愛心沒有比這個大的。你們若遵行我所吩咐的，就是我的朋友了。以後我不再稱你們為僕人，因僕人不知道主人所作的事。我乃稱你們為朋友；因我從父所聽見的，已經都告訴你們了。」（約十五 13～15）甚至，如果你經歷掙扎時，沒有友人陪你走過，你也有一位永不會離開你及背棄你的神聖的朋友。這位神聖的朋友明白你所想所感受的一切。祂明白你的掙扎有多大。祂理解你對未來的恐懼。祂知道你的一切。而祂仍然是你的朋友。於是你得著鼓勵。神說過：「我總不撇下你，也不丟棄你。」（來十三 5）

第十七天

晨禱

神啊，提醒我，我的生命不盡在今世。

儘管我有痛苦失敗的時候，成年以後的大部分時間，我的熱誠都奉獻於愛神和事奉神。有十九年，我在加略山教會擔任主任牧師。我的熱誠用在教導聖經和愛人之上。我努力忠心地做好這些事情。我有好些在事奉當中遇過的朋友卻另選別路。他們不是摒棄道德，就是離棄神、離棄聖經和離棄教會。他們不在乎自己是否愛神或事奉神。他們對教導聖經和愛人都不感興趣。他們選擇了自己的道路。我得了末期病，他們卻是健康又快樂。有時候，這真的令我感到困擾。經過了這些年來努力去愛神和事奉神，這就是我所得到的嗎？那些遠離神的人又如何呢？他們得到甚麼？顯然，他們得到沒有病患的生命。對我而言，這似乎絕對是不公平的。不過，接著我記得，對生命而言，有些東西比此時此刻更重要。這就是永恆。而宇宙的公平審判者會斷定每個人應如何對自己的言行負責。

在我的社區裏，我遇過一些卡巴拉教（Kabbala；譯按：猶太教神祕哲學）的導師領袖。卡巴拉教集合了來自拉比關於神祕主義的教導，通常是按照對希伯來經文的艱澀解釋。卡巴拉教認為，有十個獨立的世界存在，我們居住的世界僅是其中一個（被稱為「王國」〔*malcut*〕）。這意味著我們現今所居住的「物質實在」（physical reality），不及「終極實在」（ultimate reality）的十分之一。縱使我不是卡巴拉教的倡導者，而且我也不完全明白它的教義，不過我倒認為這一點是重要的：我們居住的世界不是「終極實在」。所以為甚麼保羅說：「我想，現在的苦楚若比起將來要顯於我們的榮耀就不足介意了。」（羅八18）

因此，我把對不公平的疑問留給神。我把明顯的不公義留給祂。我一定不會過於依附這個現今的「物質實在」，因為它不是「終極實在」。「終極實在」是天堂，是永恆，是神自己。如古老詩歌說：「這世界非我家，我不過是客旅。」所以，我祈禱，神啊，提醒我，我的生命不盡在今世。

晚間應許

天堂是好得無比的。

「看哪，神的帳幕在人間。他要與人同住，他們要作他的子民。神要親自與他們同在，作他們的神。神要擦去他們一切的眼淚；不再有死亡，也不再有悲哀、哭號、疼痛，因為以前的事都過去了。」(啟二十一 3～4)

在啟示錄二十一章裏，使徒約翰用文字紀錄了他所聽到，從天堂寶座發出的聲音，描述了新耶路撒冷的生活。其中最偉大的應許是，約翰聽到那裏再沒有死亡、悲哀、哭號或疼痛。再沒有漸凍人症。再沒有癌症。再沒有化療。再沒有醫院。再沒有殯儀館。那時候，死亡會被勝過。疾病會被勝過。哭號會被勝過。疼痛會被勝過。多美好的日子！

每當我想到天堂，腦海裏面便有一些疑問。首先，我們在天堂裏會相認嗎？答案是會的。我們會在天堂認得對方，如同在地上一樣。當摩西和以利亞跟耶穌在變像山上出現時，使徒認得他們。我們在天堂裏不僅能彼此相認，也會認識到其他人。

另一個疑問是，天堂在哪裏？一些學者認為天堂位於宇宙的盡頭。不過，最近有些學者提出，天堂可能就在我們看不到、聞不到和觸不到的領域中環繞著我們。當司提反殉道時，他說：「我看見天開了，人子站在神的右邊。」（徒七 56）司提反看到宇宙的最遠處嗎？也許。不過，也許天堂正環繞著他們，在一瞬間，他能夠在新的維度中看到了天堂。無論天堂位於宇宙的盡處或是正環繞我們，我們也可以確定一件事情：它是一個真實的地方。

或者，最令人關注的問題是，天堂會是怎樣的呢？家父很喜歡保羅這樣描述天堂：「我正在兩難之間，情願離世與基督同在，因為這是好得無比的。然而，我在肉身活著，為你們更是要緊的。」（腓一 23～24）家父喜歡這種對天堂的描述在於這四個字：「好得無比。」天堂會是怎樣的呢？它是好得無比的。它比我們在這裏與家人朋友共聚中最美好的時刻更好。

我想到一些我和家人分享的美妙時刻。我想到我們全家一起在愛爾蘭的時光，當時我們計劃一起打高爾夫球（更像是小型高爾夫球賽〔pitch and putt〕）。我們在愛爾蘭的沿海北岸打球。天在下雨，海風吹來。我們從這個洞走到那個洞，揮桿打球。只要想到這一次就讓我發笑。另外，還有很多其他我們共度的美妙時光。天堂會是怎樣的呢？它比地球上最好的一切更好得無比。家父對保羅的這些文字有極深的印象，因此當母親離世時，他把這些文字雕刻在她的墓碑上。銘文寫著：「愛蓮．多布森（Eileen McKnight Dobson）——好得無比。」

保羅能夠說：「我想，現在的苦楚若比起將來要顯於我們的榮耀就不足介意了。」（羅八 18）所以，當我面對這一天的掙扎和挑戰，我知道它們決不能跟那將會在我身上顯出的榮耀比較。而我也知道，當我去到天堂時將會是「好得無比」！

第十八天

晨禱

神啊，幫助我，在有需要時接受幫助。

牧者的事奉是要付出一生的，而對其他一些專業人士來說也是一樣。牧者每天二十四小時候命。因此，我善於付出多過接受。接受是一種挑戰。甚至在我跟這個病搏鬥的時候，我對尋求協助仍感到難於啟齒。漸漸地，扣上襯衫的鈕釦對我而言愈來愈困難。自己扣上襯衫的鈕釦得用上十五分鐘。有時候，我扣一顆鈕釦時遇到困難。找太太來幫自己便容易得多了，但我繼續抵抗那迫切的需求。我不喜歡找人幫忙。

約翰福音十三章中，在主被釘十字架前的晚上，耶穌與門徒在閣樓的故事提醒我。耶穌開始為門徒洗腳。輪到彼得時，彼得拒絕。「主啊，你洗我的腳嗎？」耶穌回答說：「我所作的，你如今不知道，後來必明白。」彼得說：「你永不可洗我的腳！」彼得拒絕讓耶穌示範真僕人樣式的機會。他的拒絕，說到底就是驕傲的行為，因為他不讓耶穌有為他做事的機會。同樣，當我拒絕別人的幫忙，我是不讓別人有服事的機會，並從中顯露了我的驕傲。

我想在自己還有能力的時候盡自己所能，不過，有些時候我需要幫助。當我拒絕別人的幫助，我就是拒絕給予別人服事我的機會。就像彼得一樣，結果我看來愚蠢。所以當我為扣上鈕釦而掙扎時，我需要找我的太太幫助我。當我不能做一些事情時，我需要有勇氣承認。所以，我祈禱：「神啊，幫助我，有需要時，幫助我接受別人的幫忙。提醒我，我拒絕別人的幫忙，我是獨自行事，說到底我是傲慢自負。提醒我，我是在拒絕讓別人得到運用服事恩賜的機會。」

晚間應許

耶穌正為我們預備地方。

「你們心裏不要憂愁；你們信神，也當信我。在我父的家裏有許多住處；若是沒有，我就早已告訴你們了。我去原是為你們預備地方去。我若去為你們預備了地方，就必再來接你們到我那裏去，我在哪裏，叫你們也在那裏。」（約十四 1～3）

「憂愁」二字，耶穌在最後晚餐的那一夜用上，意思是心亂不安。我想我明白他們的感覺。幾年前，我們的貓咪爬進乾衣機裏一些暖乾的衣服上面。太太走過來，不曉得牠在乾衣機裏面，便把乾衣機門關上，並按鈕繼續乾衣服。她聽見乾衣機裏面發出很厲害的重擊聲，心知不妙。所以，她按停了乾衣機並把門打開。貓兒蹣跚爬出，毛髮淩亂，完全是一臉茫然。當我被確診的時候，我也有同樣的感覺。我覺得好像在乾衣機裏面一些暖暖的衣服之上一直躺著。然後有人走來，關門，按鈕。最後把門打開，我蹣跚爬出，完全是一臉茫然。我心裏憂愁。耶穌卻告訴門徒不要憂愁。接著，耶穌給他們一些解釋的理由。

祂說：「在我父的家裏有許多住處（rooms；編按：這詞可解作房間）。」（約十四2）我更喜歡《英王詹姆斯譯本》（King James Version）的翻譯——「在我父的家裏有許多住處（mansions；編按：這詞可解作住宅）。」——因為比起住處，我更喜歡住宅的概念。不過，希臘原文的意思是房間，而不是住宅。這個概念是源於古代的婚禮習俗。當二人想結婚，雙方的父母會一起坐下來，制訂一紙婚盟。一旦簽訂婚約，二人便當作已婚。簽下婚約後，新郎便回到父家，為未來的妻子蓋建一間房間。通常，這間新房會建在家族樓房的第二或第三層。他蓋好了房間後，便會去接妻子來，舉行盛大的婚宴。最後，他把妻子帶回家，住在他蓋好的房間裏面。

耶穌告訴門徒，祂離開是為了給他們預備房間。就像古代的新郎那樣，當房間已經完工了，祂便會回來接他們。然後，他們與主在完全的永恆中一起同住。所以，縱然耶穌已回到天父那裏，祂並沒有忘記我們。事實上，祂正忙於為我們預備房間。在適當的時候，祂將會回來接我們。

當代基督教樂隊「極大聲響樂團」(Audio Adrenaline)曾在九十年代推出一首很受歡迎的快歌，歌名叫做《大屋子》(*Big House*)，為數百萬人帶來安慰。這是部分的歌詞：

來，與我回父家。
來，與我回父家。
這是大、大屋子，
有很多、很多房間。
這是大、大桌子，
有很多、很多食物。
這是大、大園子，
我們可以在這裏踢足球。
這是大、大屋子，
就是我父家。

我們並不孤單。我們的未來是光明的。耶穌已經應許，祂會回來接我們。

第十九天

晨禱

神啊，我寧願膚淺而身體健康。

當我剛開始牧職事奉時，我挑選了以下的經文作為我的人生金句：「所以，我們不喪膽。外體雖然毀壞，內心卻一天新似一天。」（林後四16）當時，我喜歡經文的最後一句：「內心卻一天新似一天。」我把它的意思詮釋為，每一天專注在靈命的旅程是重要的。你需要每天讀經和祈禱。你需要每天愛神和服事人。

我仍然喜歡這節經文，不過，現在它從完全不同的層次跟我說話。現在，我專注在經文的前一句：「外體雖然毀壞。」這是我生命如今的光景。我的身體慢慢毀壞。當神經元壞死，信息不再從腦部送達肌肉，我的肌肉便會開始癱瘓。我不再做到我往日做到的所有事情。不過，這節經文的應許是，儘管我的身體會癱瘓，我的靈性卻仍然可以成長且「一天新似一天」。

我會樂於見證已經在我生命裏發生的事情。當你面對末期病患的時候，你不是變得更好，便是變得更苦。我與神同行的歷程已經被我所面對的經歷所大大深化。我可以與保羅同證：「願頌讚歸與我們的主耶穌基督的父神，就是發慈悲的父，賜各樣安慰的神。我們在一切患難中，他就安慰我們，叫我們能用神所賜的安慰去安慰那遭各樣患難的人。」（林後一3～4）我的生命已徹底被我所忍受的苦難所改變。我跟患病前的自己截然不同。我相信，因為這些掙扎，我更像基督。不過，我得要坦白：我寧願自己的屬靈程度膚淺而身體健康，也不要靈命成熟而生病。所以，我祈求：「神啊，祢知道我寧願膚淺而身體健康，不過，我信靠祢，祢會賜我繼續這段歷程的恩典。」

晚間應許

不可忘記祂的一切恩惠。

我的心哪，你要稱頌耶和華！凡在我裏面
　　的，也要稱頌他的聖名！
我的心哪，你要稱頌耶和華！不可忘記他的
　　一切恩惠！
他赦免你的一切罪孽，醫治你的一切疾病。
他救贖你的命脫離死亡，以仁愛和慈悲為你
　　的冠冕。
他用美物使你所願的得以知足，以致你如鷹
　　返老還童。（詩一〇三 1～5）

當你患上重病，你會輕易忘掉神的一切恩惠。疾病就是你能想及的一切和你能說及的一切。它開始佔據你所有的生活。最後，它接管你的生活。而它接管你的生活後，你會開始失去洞察力。你開始忘記神賜給你的一切恩惠。所以讓我來提醒你。

我有雙耳聽。我有雙眼看。我有舌頭說話。我有雙手工作。我有兩腿走路。我有雙腳站立。儘管好些肌肉不如以往般運作，但仍然能動一點點。儘管我疲倦，我開始發音含糊，但我仍然能夠被理解。儘管我的手指不再能夠好好的打字或扣鈕，但我仍然能夠打一點字和勉強地扣上襯衫的鈕扣。**所以我感謝祢，神啊，為祢的一切恩惠而感恩。**

我有很多水喝。我有很多食物在冰箱裏面。我有很多衣服穿。我有一張牀，讓我在晚上睡覺。我在冬天裏有一間溫暖的屋。我有室內的自來水管道。我有電力可用。我有幾台電視機。我有幾台收音機。我有一輛車子。還有，我仍然能夠活著。我仍然能夠親自把食物送進口裏——雖然我不可以再用我的右手來做。我的左手仍然可以動。我仍然能夠吞嚥。我仍然能夠呼吸。我仍然能夠用雙臂抱著我的太太。**所以我感謝祢，神啊，為祢的一切恩惠而感恩。**

我有一個支持我的太太。我有三個美麗的孩子。最大的一個已婚，他們有兩個孩子，即是我的孫兒。我的另一個孩子最近結婚了。我還有另一個孩子在陸軍國民警衛隊服役，並已遠征到伊拉克。他們全都認識主。他們全都愛主。而他們全都希望事奉主。**所以我感謝祢，神啊，為祢的一切恩惠而感恩。**

在詩篇一○三篇中，大衛列出他從神所領受的幾項恩惠。它們也同樣對你適用。祂寬恕你所有的罪。祂醫治你一切的疾病。祂從窪坑拯救你的生命。祂以慈愛和憐憫作你的冠冕。祂以美好的事物來滿足你的慾望。你如鷹返老還童。**這些祝福也屬於我，所以我感謝祢，神啊，為祢的一切恩惠而感恩。**

神的恩典把我帶到生命的這一點。祂不曾使我失敗。而祂的恩典今天夠我用。還有，無論甚麼控制著明天，我知道祂的恩典也足夠有餘。祂是昨天、今天和明天的神。祂在我的生命裏成就了大事。祂正在我的生命中成就大事。祂也將會在我的生命裏成就大事。**所以我感謝祢，神啊，為祢的一切恩惠而感恩。**

神啊，祢以亙古不變的愛來愛我。祢已經赦免我一切的罪和邪惡，祢不會把它們牢記以再次定我為有罪。祢已經把耶穌的義賜給我。祢已經把聖靈賜給我，內住在我裏面。祢已經把祢的話語賜給我，來引導我走地上的朝聖之旅。為了我的好處，祢叫萬事互相效力。祢把我放在信仰羣體中，好叫我受苦的時候，所有肢體都與我一同受苦。還有，當我喜樂時，整個羣體與我一同喜樂。所以我感謝祢，神啊，為祢的一切恩惠而感恩。

朋友，你有花時間思想一連串的恩惠嗎？你曾感謝神，像大衞那樣為一切祂賜與的恩惠而感恩嗎？為一切恩惠感謝神，祂幫助你把疾病放進你的視野中。我不想疾病佔據我整個生活，也不想自己的視野中看不到神曾在我身上成就了的、現在為我成就的，以及將會為我成就的事情。

晨禱

神啊，提醒我，

有其他東西比這個病對生命更重要。

當你被診斷患上末期病，疾病便會佔據你的思想——由你在早上起牀開始，直到晚上你逐漸入睡為止。

我們活在資訊年代。若想知道關於漸凍人症的每一項資料，你只要一按滑鼠，便能在互聯網上找到相關的資訊。在確診後的幾個月，我看了數千頁關於漸凍人症的資料。我甚至向醫生借了漸凍人症的正式醫學教科書。我從頭到尾看了幾遍。我變成「漸凍人症」

醫學知識的活動百科全書。我肯定我對這個病的認識很多，也許比大部分神經科醫生認識得更多。這個病佔據了我。

有一個晚上，我太太和我到我們喜愛的咖啡館喝咖啡。我點了頗大杯的卡布奇諾。我們坐下來，呷了一口咖啡，我對太太說：「看看，我不用幫忙，仍能將這麼重的杯子提到嘴邊。」我一說完，太太不禁哭起來。她說：「這就是你要說的所有說話嗎？每次我們聊天，你便說到這個病。不是有其他東西比這個病對生命更重要嗎？」她說得對。這是我所想到的一切。這是我閱讀的一切。這也是我談到的一切。

我們用了餘下的時間來討論我們可以改變甚麼。我同意，我會限制在網上搜尋這個病的資料的時間。我們同意，除非我們都願意，否則我們不會談及這個病。我們會聊其他的事情——屋、我的工作、孩子、孫兒、她的工作、聖經、禱告和許多其他的話題。

我發現到，我不能單從這個病來論斷我的生命，或不能單單透過這個病來察看我的生命。對，我患了末期病，不過我仍然是個丈夫、父親、祖父和牧者。

而在處理這個病的過程中，我不經意地放棄了這些角色。這是我重拾它們的時候。那個在咖啡館的晚上，是我與這個病搏鬥的歷程中的轉捩點。現在我祈禱：「神啊，提醒我，有其他東西比這個病對生命更重要。」

晚間應許

別忘記你的根源。

希西家倚靠耶和華——以色列的神，在他前後的猶大列王中沒有一個及他的。因為他專靠耶和華，總不離開，謹守耶和華所吩咐摩西的誡命。（王下十八5～6）

希西家二十五歲時登基為猶大王，在耶路撒冷統治了二十九年。希西家可說是前無古人，後無來者。統治初期，他移走邱壇，打碎祭祀的石頭。「他廢去邱壇，毀壞柱像，砍下木偶，打碎摩西所造的銅蛇，因為到那時以色列人仍向銅蛇燒香。希西家叫銅蛇為銅塊。」（王下十八4）

銅蛇在猶太歷史中代表了一個重要的象徵。以色列人在沙漠流浪時，開始投訴神和摩西。神在他們中間放毒蛇，很多人死了。那些人求摩西為他們祈禱，求神挪走那些蛇。神指示摩西製造一座銅蛇像，並放在杆子上。任何被蛇咬過的人，仰望這座銅蛇像便能活過來（民二十一）。仰望那座銅蛇是一個信心的行動，神藉著醫治仰望它的人來表揚這項信心的行動。

甚至耶穌也引述這事件。在一次在跟宗教領袖尼哥德慕對話中，祂說：「摩西在曠野怎樣舉蛇，人子也必照樣被舉起來，叫一切信他的都得永生（或譯：叫一切信的人在他裏面得永生）。」（約三 14～15）是甚麼醫治了沙漠中的那些人？他們的信心。他們憑信心仰望那座銅蛇。今天是甚麼拯救人呢？他們的信心。我們憑信心仰望耶穌。

在希西家的年代，以色列人已經忘記了信心，並把銅蛇當作崇拜的象徵。事實上，他們還為銅蛇燒香。他們跟自己的根源失去結連。是神醫治他們，而不是銅蛇。神只是用銅蛇來當作象徵。人們卻崇拜象徵，而不敬拜他們的根源，所以，希西家毀滅這個象徵。

我發現，在我自己的生命中也犯了同樣的錯誤。當面對我的病，比起我的根源——神自己，我經常對象徵更有信心！我專注在醫生們和藥物上。我不斷嘗試學習漸凍人症的最新發展和最新的研究結果。我專注於飲食和運動，因為我知道它們對於改善健康有多重要。我專注於我的免疫系統。我想做我能夠做到的一切事情來改善健康，好讓我能夠對抗這個病。雖然這些都肯定是重要的事情，但當中的危機是當我追尋這些事情，我便會忘記我最終極的盼望是在於神。我把這些事情當作銅蛇。我花了自己所有的時間和努力來追尋它們，卻用很少時間或根本沒有去追尋神。所以，我祈求神幫助我保持對一切事情的平衡。

晨禱

神啊，幫助我在個人的掙扎中聽到祢的聲音。

「以色列啊，你要聽！耶和華——我們神是獨一的主。你要盡心、盡性、盡力愛耶和華——你的神。」(申六 4～5) 在猶太教中，這是示瑪 (Shema) 的開場白。虔誠的猶太人每天早晚也重複背誦它。在聖經時代，這是父母教導孩子說的第一句話。它也是猶太人臨終前重複背誦的遺言。所以，示瑪是一關乎開始和結束生命，以及開始和結束一天的東西。「以色列啊，你要聽！耶和華——我們神是獨一的主。」這是猶太教神學的中心思想，說出了神獨一與單一的特性。

這段文字被稱為示瑪，因為在希伯來文中，第一個動詞就是 Shema。它的意思是「聆聽」。猶太人以聆聽神來開始和結束每一天。而這個動詞甚至有更多意思——含有「努力學習從而讓人能聽從神」的概念。我察覺到，在經歷末期病的過程中要聽從神是十分困難的。我留心聽醫生的說話。我把注意力放在我身體上的細微差別上。我知道自己甚麼時候覺得好些，甚麼時候覺得較差。我知道某一肌肉羣已經沒有力量。我閱覽和研讀所有有關漸凍人症的最新研究。我跟其他患上同一疾病的人談論。我傾向把注意力放在每一個人身上，而不是在神身上。

所以，我開始在每個早上和黃昏誦唸示瑪。它提醒我聽從神的重要性。在一整天裏，我會聽見很多不同的聲音，不過，我一定要著意嘗試把注意力放在神身上，才開始每一天。在誦念示瑪後，我會讀一些聖經經文，並把當天交託給神。接著的一整天，我努力留意神透過我遇見的人所告訴我的信息。我認識到這是每天的掙扎。一方面，我要面對疾病的不變現實。不過，另一方面，我也努力把注意力放在神身上。所以，我祈求：「神啊，幫助我在個人的掙扎中注意到祢的聲音。」

晚間應許

誰與我同行？

神說：「我必與你同在。」（出三 12）

摩西一生的故事很有名。當法老王下令殺光希伯來人的男嬰後，摩西的父母把他藏起來。他被放在籃子裏，躲在尼羅河的蘆葦叢中，法老的女兒就在那裏發現他。她把摩西視如己出，藏在皇宮扶養。有一天，摩西看到一個埃及人和希伯來人打架。他介入其中，並殺了那個埃及人。法老聽到這個消息後，想要殺死摩西，於是摩西逃亡到米甸的沙漠。在那裏，他遇到葉忒羅——米甸的祭司，摩西跟他其中的一個女兒西坡拉結婚。他們的兒子出生後，摩西說：「因我在外邦作了寄居的。」（出二 22）

我明白那份感覺。我覺得自己好像是個異類。我有末期病，我與所有健康的朋友都格格不入。我覺得好像不再有所歸屬。我覺得好像身處外地，面對完全不同的文化和語言。這是我從來不想住的地方。我覺得，我好像已經離開了法老皇宮的溫暖與安全，並發覺自己落入沙漠的後方。

不過，就正正在沙漠的後方，神與摩西相遇。在出埃及記三章裏，我們讀到，有一天摩西正在看羊時，他看見一枝灌木燃燒起來。吸引他去看這枝灌木的，是它燃燒起來卻沒有燒成灰燼。神從灌木呼喊他的名字：「摩西！摩西！」然後神告訴他，祂聽到在埃及被勞役的子民在呼求，並告訴摩西，祂要差他回到埃及釋放祂的子民以得自由。摩西立即反對：「我是甚麼人，竟能去見法老，將以色列人從埃及領出來呢？」不過神堅持說：「我必與你同在。」摩西對神說：「我到以色列人那裏，對他們說：『你們祖宗的神打發我到你們這裏來。』他們若問我說：『他叫甚麼名字？』我要對他們說甚麼呢？」神對摩西說：「我是自有永有的。」（出三 10～14）這是也會與你同行的神的名字：「我是自有永有的。」

這個名字來自希伯來文的動詞「存有」（“to be”）。它說到神永恆的存在，提醒我們神就是自有永有的。祂不受時間限制，祂是永恆。每當我們覺得自己像身處外地的異類時，或每當我們覺得自己落入沙漠的後方，認識到與我們說話的神是一位不受時間限制和永恆的神，就變得很重要。祂沒有被時空或疾病限制。無論在法老的皇宮或沙漠的後方，祂仍然是神。一些希伯來文聖經的猶太教翻譯，把它譯成：「我會是我所是。」(I shall be as I shall be；譯按：依原書經文翻譯)這不僅給我們現在的盼望，也給我們有對未來的盼望。神昨天如何，今天也是如何。神今天如何，祂明天也將會如何。神是昔在、今在、永在的。無論你去過哪裏，你現在在哪裏，以及你要去哪裏，記著神是與你同在的。而與你同在的神是按你的名字呼喚你。祂從燃燒的灌木向摩西呼喚他的名字，祂同樣向你呼喚你的名字。

晨禱

神啊，教導我，即使在這樣的景況中也謝恩。

「要常常喜樂，不住的禱告，凡事謝恩；因為這是神在基督耶穌裏向你們所定的旨意。」（帖前五16～17）留心經文如何鼓勵你我要「凡事謝恩」。它不是說「**為**所有的事謝恩」。雖然我曾聽聞一些基督徒為諸如癌症或多發性硬化症（multiple sclerosis）等末期病而感恩，我卻一直無法做得到。也許是靈命不夠成熟，但我從不會為自己患上漸凍人症而感恩。我相信這段經文是呼召我們在身處的景況中謝恩，而不是為了那些事情感恩。兩者有很大的差別。

我每天學習在身處的景況中感恩。我有很多事情要謝恩。因為我平常是頗悲觀的，所以對我來說，學習謝恩更是無比重要。我常常集中看事情有多壞，而忽略事情有多好。我正嘗試更加集中看事情好的一面，並為此謝恩。最近，我開始具體地為神賜予我的每件事物而謝恩。我仔細翻看我的衣櫥，為每條領帶、每件襯衫和每套西裝而感謝祂。我並非說一般籠統的感恩，而是為每件事物逐一感謝神。我同樣為到我的鞋子、襪子、汗衫和內衣感謝神。然後，我為了房中每件傢俱感恩。我為牀單和牀笠感謝祂。我為了枕頭和枕頭套感謝祂。我為了毯子感謝祂。我為牀墊和彈簧座感謝祂。我為那張牀感謝祂。我在房中來回踱步，個別為每件物件感謝神。

這樣做，得花上一些時間。在完成後，我為著神對我那麼好而不能自已。而這僅僅是屋裏的一個房間。我還沒有包括我擁有的所有藏書（個別為每本書感謝神的話，需要很長時間）。而這些只是物質上的恩典。我沒有把我的家人和朋友計算在內。我也沒有計算我藉著耶穌基督而得的一切屬靈福氣：神的話語、聖靈、救恩、成聖和因為我們與基督建立了關係而得的一切福氣。今天我想謝恩，所以我這樣祈禱：「教導我，神啊，即使在這樣的景況中也凡事謝恩。」

當你坐下來列出你的一切福氣及為此感謝神，你的內心會為到神的良善、偉大和慈愛而激動起來。

晚間應許

萬事互相效力，叫人得益處。

我們曉得萬事都互相效力，叫愛神的人得益處，就是按他旨意被召的人。因為他預先所知道的人，就預先定下效法他兒子的模樣，使他兒子在許多弟兄中作長子。預先所定下的人又召他們來；所召來的人又稱他們為義；所稱為義的人又叫他們得榮耀。（羅八28～30）

如果有人告訴我萬事互相效力，叫人得益處，我會大叫！很多心存好意的人叫我不用擔心；畢竟，神會令萬事互相效力，叫人得益處。但是從我的角度看，事情看來不是那麼美好。人處於順境時便很容易引用這節經文。事情不順利的時候，要引用和相信這節經文便成為挑戰。當醫生告訴你，他已無能為力，神仍然是為了你的益處而成就事情嗎？當醫生跟你說，要先把後事安排好，因為你快將離世，神仍然是為了你的益處而成就事情嗎？我曉得神愛我。我知道，我以愛祂作為回應。這段經文告訴我，這位同樣愛我的神，使萬事互相效力，叫人得益處。我覺得這是一項難以接受的真理。

如果神愛我；神是幫助我的；神為了我的益處使萬事互相效力，在我面對這個疾病的時候，我如何確信這些真理呢？保羅回答了這條問題：「神若幫助我們，誰能敵擋我們呢？」(羅八 31)問題是，我們怎樣真的知道，神是幫助我們的呢？畢竟，面對疾病，我難以看到神怎樣幫助我。不過，保羅也回答了這條問題：「神既不愛惜自己的兒子，為我們眾人捨了，豈不也把萬物和他一同白白的賜給我們嗎？」(32 節)神幫助我們的終極證明就在十字架上找得到。當我被引誘質疑神是否與我同在的時候，我會回到十字架前。神藉著把愛子賜給我們為救主，一次過徹底地向所有人證明了祂愛我們，並且祂是幫助我們的。保羅說，如果神在十字架上幫助我們，也會在日常生活中幫助我們。

保羅繼續說，沒有東西能夠把我們與神的愛分隔。「因為我深信無論是死，是生，是天使，是掌權的，是有能的，是現在的事，是將來的事，是高處的，是低處的，是別的受造之物，都不能叫我們與神的愛隔絕；這愛是在我們的主基督耶穌裏的。」（38～39 節）甚至，縱使我可能不明白神如何使一切事情互相效力，我有信心，我永不會處在祂的愛以外。在保羅論及愛的經文中，他加入一個詞組「別的受造之物」。這意味著，絕對沒有任何東西能夠把我們在耶穌基督裏與神的愛分隔開來——病痛不能、惡疾不能、死亡不能。甚麼也不能！

所以，即使我不能明白神為了我的益處，如何運作萬事，但我知道祂是可以的。祂在十字架上證明了祂給予我的愛。而十字架保證了，不管我今天需要甚麼恩典，祂也會賜給我。除了這一切以外，沒有東西可以阻隔我與祂的愛。所以，縱然我無法解釋神如何作工，我也能夠在祂的愛和恩典中得享安息。當別人對我說：「別擔心，艾德（Ed；編按：即作者）；神正把萬事互相效力。」我要提醒自己，他們說的是真理——一項難以讓人接受的真理、一項奧祕的真理、一項無法解釋的真理，不過，儘管如此，確是真理。

晨禱

神啊，賜我平安。

「願耶和華賜福給你，保護你。願耶和華使他的臉光照你，賜恩給你。願耶和華向你仰臉，賜你平安。」（民六 24～26）

末期病會奪走你的平安。我察覺到自己對未來感到心煩意亂。我發覺到自己害怕垂死的過程。我發覺自己對於遺留家人在世的想法感到憂慮。每當想到自己正處工作的盛年卻變成殘疾，便灰心喪志。當其他人工作的時候，我發現自己因個人的殘疾而被牢籠。

而在這一切當中，很難得著平安。

有些人以為平安就是沒有衝突和爭鬥。其他人認為平安是沒有煩惱和困難。不過，這並非聖經中平安的概念。平安是與神、與其他人及與你自己的整全狀態（wholeness）。它是在這一刻成為神希望你處於的狀態。你可以在衝突中有平安。你可以在煩惱中有平安。面對末期病的時候，你可以有平安。如何可以？單單祈求神賜給你。當中有著我不能解釋的奧祕，就是神確實會在苦難中賜予平安。神的臉轉向我們，平安便會臨到。而我知道就算我在苦難中，神的臉也向著我，我為此感恩。

最近我碰到一份平安的祝福：「平安賜給你。平安賜給你家。平安賜給屬你的一切。」我喜歡這份祝福。我需要神的平安在我的生命中。我需要神的平安在我家。而我需要神的平安介入屬於我的每一件事物。所以，我為自己、我的家和屬於我的一切而祈求平安。

晚間應許

耶和華是我的牧者。

耶和華是我的牧者，我必不致缺乏。他使我

躺臥在青草地上，領我在可安歇的水邊。他
使我的靈魂甦醒。(詩二十三1～3)

亞伯拉罕、以撒、雅各和約瑟全都是牧羊人。大衛王也是。先知阿摩司也是。耶穌稱自己是牧人。祂說：「我是好牧人；好牧人為羊捨命。」(約十11)往後在新約時代，希臘文所翻譯的「牧者」(pastor)，其實本意是解作牧羊人。很多人在我的會堂裏叫我做艾德牧師或多布森牧師。可是，他們也可以叫我做艾德牧人或多布森牧人。

雅各和兄弟們下去埃及跟約瑟在這塊土地住在一起，約瑟指示他們怎樣稱呼法老，以及如何回答他的問題。「等法老召你們的時候，問你們說：『你們以何事為業？』你們要說：『你的僕人，從幼年直到如今，都以養牲畜為業，連我們的祖宗也都以此為業。』這樣，你們可以住在歌珊地，因為凡牧羊的都被埃及人所厭惡。」(創四十六33～34)

為甚麼神不以法老的身分來啟示自己？畢竟，法老是古代世界中最有權力的人，如果神想以最有權能的神的身分來啟示自己，以法老的身分來啟示祂自己是很合理的。不過，神卻以牧羊人的身分來啟示自己——這在埃及被視為厭惡性行業。

埃及人沿著尼羅河居住，那裏水源充足，可以種植莊稼。他們寧願過城市生活。另一邊廂，牧羊人住在曠野，那裏缺乏水源，難以種植莊稼。這是很艱難的生活。牧羊人是遊牧民族。他們到處流浪，為羊羣尋找水和食物。從埃及人的觀點看，這是很糟糕的生活。但是，從神的觀點看，這卻最能夠描述神與子民的關係。祂是牧羊人，我們是羊。

最近我在以色列，花了一些時間看一個牧羊人在曠野中看羊。當時他獨自領著大概有一百頭綿羊和山羊的牧羣走過曠野，前往有草吃的地方。我站住觀看他好一陣子。帶領羊羣沿著溪流走過時，他極有耐性。當我開始走近羊羣，他便拿出笛子，開始吹奏音樂。後來，我問他為甚麼向羊羣吹奏音樂。他告訴我，當我步近那些羊，牠們便會焦慮不安。他已經學懂了，當羊羣焦慮的時候，若他用笛子為牠們吹奏音樂，牠們便會靜下來。

神就像那個牧羊人。祂領導我，引導我，供應我，祂也知道我要去哪裏。當我焦慮的時候，祂會儘一切可能來讓我冷靜。甚至這代表需要拿出笛子來吹奏音樂。大衛寫到：

> 我雖然行過死蔭的幽谷，
> 也不怕遭害，
> 因為你與我同在；
> 你的杖，你的竿，
> 都安慰我……
> 我一生一世必有恩惠慈愛隨著我；
> 我且要住在耶和華的殿中，直到永遠。
> （詩二十三4、6）

晨禱

神啊，賜我臨死時需要的恩典。

臨近死亡，我們不會過得很好。事實上，人死後，我們會做所有能夠做的事，使死者看來並非真的死了。我們為他們塗上防腐。我們為他們穿衣。我們為他們的臉化妝。在殯儀館裏面，我們有特別的燈光。而我們會說：「她看來不是蠻好嗎？」**看來蠻好？**她已經死了。但是我們做了我們能夠做的所有事情，來讓她看來仍然是活著似的。

我們的文化迷戀生命和年輕的外表。我們甚少留意死亡和垂死的過程。但是，我們全都會衰老和死亡。我的優勢是我知道自己正在臨近死亡，以及知道自己的時間是有限的。那些沒有末期病的人其實正處於劣勢。他們也在臨近死亡，他們卻實在不知道這個事實。所以，對我來說，問題是我將要如何死去？我會帶著尊嚴和恩典去世嗎？或是我會在世上的最後一幕反駁我所信和所說的一切嗎？對我來說，這不是理論上的問題。這是多麼的真實！

其中一個鼓勵我的聖經故事是，耶穌說到關於財主和拉撒路的故事。兩人死了。「後來那討飯的死了，被天使帶去放在亞伯拉罕的懷裏。」(路十六22)到了那乞丐離開今生轉入來生的時候，神派遣眾天使把他帶到永恆中。顯然，天使參與把信徒送到天堂的事工。每當信徒快要離世，神便差遣眾天使，懷著愛和溫柔帶著那個人從今生進入來生。這給我鼓勵。當中的意義是，當我在地上的人生旅程結束時，我不是孤單地面對死亡的。神就在那裏。而神會差派眾天使來帶我從今生進入來生。在那一刻來臨前，我會一直祈求：「神啊，賜我臨死時需要的恩典。」

晚間應許

當你臨到結束地上人生的旅程時，神會在那裏看顧你。

後來那討飯的死了，被天使帶去放在亞伯拉罕的懷裏。（路十六22）

多年來，我花時間跟很多人生旅程即將結束的人在一起。有一些場合，當他或她真的離世時，我正與那個人在一起。當我回望那些經驗，我了解到留在那裏是一項恩典。我感到自己好像站在神聖之地。時間與永恆之間的阻隔看來特別薄弱。這好像我可以伸出手來，觸摸到神的臉。我無法邏輯地解釋那些經驗。我只能告訴你，這比起我一生中的其他時間，我能察覺到神以更加滿有權能的形式臨格。

我答應母親，當她彌留的時候，她不會獨個兒死去。我答應會與她一起。所以，在她生命中的最後幾天，我用所有的時間與她在一起。在她離世前的幾天，她跟我説：「艾德，拿我的大衣來。威爾瑪（Wilma）在走廊等著我，我要走了。」威爾瑪是母親非常親密的朋友，她大概同時被診斷患上癌症。她和我的母親一起走過幾年的旅程，但是在我母親臨終前的幾個月已經逝世。而現在當我的母親也快要來到自己的終局時，她以為威爾瑪在走廊等著她出來。也許，這是因為增加了嗎啡的劑量，不過，我倒相信母親已經開始看到那另一邊。

那麼，人來到世上旅程的終結時會發生甚麼事情？耶穌說過財主與乞丐的故事。乞丐死亡的時候到了，神的眾天使把他帶回到亞伯拉罕那邊。我從這個想法中得到很大的鼓勵：每當信徒快要離開今生並進入將來的生命，神會差派眾天使把他或她帶到天堂去。當我來到世上旅程的終結，快要離開今生並進入將來的生命時，神的眾天使會在那裏與我相遇，並把我帶進祂的臨格中。

所以，即使我對於事情最後會如何發生還有點焦慮，但我有神將會在那裏與我相遇的確據。當母親呼吸最後一口氣時，我與她同在。這是神聖的時刻。即使我看不見眾天使，他們是在那裏把我母親的靈魂，從生病朽壞的肉體帶到與那位永恆的神的同在中。而到我要走的時候，眾天使同樣會在那裏帶我走。也許，神會派接走母親的同一班天使來帶我走。我希望如此！

晨禱

神啊，給我勇氣選擇生命，而不是選擇死亡。

我記得那一天就彷如昨日。那時候接近聖誕節。我坐在家的陽台上看著下雪。我在想，這可能是我最後的冬天和最後的一個聖誕節。然後，我讀到摩西以下的說話：

「我今日呼天喚地向你作見證；我將生死禍福陳明在你面前，所以你要揀選生命，使你和你的後裔都得存活；且愛耶和華——你的神，聽從他的話，專靠他；因為他是你的生命，你的日子長久也在乎他。這樣，你就可以在耶和華向你列祖亞伯拉罕、以撒、

雅各起誓應許所賜的地上居住。」(申三十 19～20)

「選擇生命」這些字躍然跳進紙上。摩西告訴希伯來人，如果他們遵守律法，他們便活著。但是，如果他們不遵守律法，會「被勾引去敬拜事奉別神」，並且「必要滅亡」(17～18 節)。所以，希伯來人可以選擇生命。或者，他們可以選擇死亡。

在我看來，我也在相似的情況中。面對末期病，我可以選擇活著，或我可以選擇死亡。這在於我如何選擇。**選擇生命。選擇生命。選擇生命。選擇生命。選擇生命。**我需要一次又一次又一次再聽那些話語。我可以放棄和向疾病妥協，這樣做，是選擇死亡，或我可以選擇活著。所以，當那個冬日下午，我坐在陽台上，我祈禱：「神啊，給我勇氣選擇生命，而不是選擇死亡。」

最近有一次我回去密歇根大學診療所覆診，我告訴其中一個醫生：「如果這個病取走我，我會是它取走過的人中最健康的人。」醫生笑起來，並說道：「大多數坐在你正坐著的椅子上的人，回家，放棄，死去。你的態度是一種會延長壽命的態度。」選擇生命是每天作選擇去改善生活，而不是垂死。

我近來在本地的神學院修讀了三個學期的聖經希伯來文課程。即使我可能不會留在這裏更久。我想在理解經文上繼續成長。我想保持生活。生活是在園子種植、為新房間貼牆紙、上電腦課——做任何可以改善生活而不是垂死的事情。這些事情是收集照片放進相簿、縫毯子、編織外衣及與家人共聚天倫。**選擇生命。選擇生命。選擇生命。選擇生命**。我仍然這樣祈求：「神啊，給我勇氣選擇生命，而不是選擇死亡。」

晚間應許

有時候，你得要自己走下一步。

「不要懼怕，只管站住！看耶和華今天向你們所要施行的救恩。因為，你們今天所看見的埃及人必永遠不再看見了。耶和華必為你們爭戰；你們只管靜默，不要作聲。」（出十四 13 -- 14）

這裏有好消息，這裏有壞消息。好消息是以色列的子民從埃及的捆綁中得釋放。他們離開了埃及，從勞役中得自由。神已經以神蹟的方式介入，現在摩西帶領他們離開那片土地。壞消息是埃及軍隊正在追趕他們，山在兩側夾著他們，紅海就在前面。他們被困。所以他們投訴：「難道在埃及沒有墳地，你把我們帶來死在曠野麼？你為甚麼這樣待我們，將我們從埃及領出來呢？……服事埃及人比死在曠野還好。」（出十四 11～12）

摩西回應他們的方式，跟我們會回應他們的一樣：「不要懼怕，只管站住！看耶和華今天向你們所要施行的救恩。因為，你們今天所看見的埃及人必永遠不再看見了。耶和華必為你們爭戰；你們只管靜默，不要作聲。」（13～14 節）這正是我所感覺的——被困。埃及人在我後面，紅海在我前面，山在兩側，沒有地方回頭。那麼我要做甚麼呢？我想靜止站著，看神為我的好處而以神蹟介入。我希望神做只有祂才做得到的事情。我希望祂釋放我。

但這不是神希望以色列人做的。祂對摩西說：「你為甚麼向我哀求呢？你吩咐以色列人往前走。你舉手向海伸杖，把水分開。以色列人要下海中走乾地。」（15～16 節）換句話說，神在說：「別靜止站著。走下一步。在不可能中向前走。而當你照樣做，我會在那裏分開紅海。」縱然我寧願靜止站著，觀看神的釋放，有些時候當我要走下一步時，不管那一步是如何困難，還是要向前走。惟有在我走下一步的時候，神才以神蹟的方式行動，把紅海分開。

我有一個好朋友曾經訂婚。婚禮前夕，她的未婚夫在工作時發生可怕的意外而死亡。這是極沉重的打擊。一個電話就改變了她整個生命。她對未來的夢想與盼望都粉碎了。她說：「早上起牀。我淋浴，穿衣，化妝。然後我告訴神，我已經做了我能夠做到的每一件事情。現在餘下的今天由祢來決定。」她明白了以色列的子民所明白的。我們得要做我們可以做到的事情，而把其他的留給神。

在我的個人旅程中，我發現了同樣的事實。我每個早上起牀和穿衣，不過，當天的其他時間留給神來決定。如果我不踏出第一步，我便永遠看不到神的釋放。有些人不在早上起牀，不更衣，不化妝。他們躺著等候神的介入。不過，他們永遠看不到祂的釋放。所以，起牀，穿衣，化妝，把其他事情留給神。

第二十六天

晨禱

神啊，賜給我智慧讓我曉得怎麼辦。

互聯網是奇妙的祝福，也是可怕的詛咒。在我首次確診後，我用了很多時間在互聯網研究漸凍人症。一段時間後，那些資訊的分量開始把我壓得透不過氣來。我愈認識這個病更多，我愈沉入絕望中。我認識這個病太多，過量的資訊蒙騙了我的思想。我閱讀有關我現時還沒有的病徵的資料，但當我閱讀，我就開始以為我已經在經歷這些病徵。我羨慕那些選擇不去研讀任何關於這個病的東西而順其自然的人。他們沒有察覺到將來會發生甚麼事情。很不幸，我處於另一邊的極端狀態，就是我知道太多。

聖經說：「你們中間若有缺少智慧的，應當求那厚賜與眾人、也不斥責人的神，主就必賜給他。」(雅一5)所以，我開始祈求智慧。我怎樣回應這些所有資訊，和對我的病不樂觀的預後？神藉著提醒我應該限制花在探究這個疾病的時間，回應了我的祈禱。所以，我限制自己每天只可以研究三十分鐘。我發覺這是最有效的。

另一個我極需要智慧的地方是，如何回應很多跟我說話或以文字通信的人。在我們的教會裏，有各種健康產品的獨立行銷人員。他們全都覺得自己可以解答我的特殊情況。為了不想得罪他們任何一位，我需要智慧曉得怎麼辦。所以我向神祈求。最後，祂賜給我智慧。我開始問他們拿有關他們所賣的那些產品的印刷資料。我告訴他們我會閱讀這些印刷資料，然後決定他們的產品是否適合我使用。許多人提供了他們的產品給我。其實，我沒有使用他們的任何一件產品，因為我找不到證據，證明它們曾幫助過患上我這個病的人。

患上末期病的其中一個困難是，你沒有很多時間做決定。你等候得愈久，你身體裏的計時炸彈愈是會隨時爆炸。你覺得壓力大得驚人而得要做些事情，並且要做得快。時間不在你那邊。你面對一個傳統醫藥與另類療法之間的抉擇。你面對許多傳統醫藥的選擇和許多另類療法的選擇。而你沒有很多時間去決定怎麼辦，所以你需要持續禱告：「神啊，賜給我智慧讓我曉得怎麼辦。」而神已經應許祂會賜給你智慧。

晚間應許

神是過去的神，也是現在的神。

我們既因信稱義，就藉著我們的主耶穌基督得與神相和。我們又藉著他，因信得進入現在所站的這恩典中。（羅五 1～2）

在羅馬書五章，使徒保羅談到神過去的祝福和神現在的祝福。在第 1 節他說：「我們既因信稱義……」在第 11 節中，他說：「不但如此，我們既藉著我主耶穌基督得與神和好，也就藉著他以神為樂。」神在過去已經為我們成就事情，而神現在仍然會為我們成就事情。

過去的祝福。保羅說我們「稱義」。這意味我們已經獲神親自宣告我們是義人。義是從耶穌基督的死亡、埋葬和復活而來的。我們是罪人，而耶穌把我們的罪親自背負起來。祂是絕對完全，而祂以自己的義換取我們的罪。這就是稱義的意思。而稱義是要藉著恩典而透過信心的。

現在的祝福。這一章裏，保羅列出我們現在的祝福。首先，他說我們藉著我們的主耶穌基督與神相和。平安的概念是超過沒有衝突或爭鬥。它的意思是整全狀態。它的意思是我們按神創造我們的心意而成的一切狀態。我們與神、與我們自己、與其他人和與被造的萬物同享平安。

第二，我們「因信得進入現在所站的這恩典中」（2 節）。恩典是神賜給我們，我們本是不配得的恩惠與慈愛。我們靠神的恩典、那份恩惠和慈愛而得救。然而我們也繼續在恩典中。就是神的恩惠與慈愛使我們繼續活下去。我們藉著恩典得救。我們現今站在恩典中。

第三，我們有盼望。「盼望不至於羞恥，因為所賜給我們的聖靈將神的愛澆灌在我們心裏。」（5 節）

盼望的當下真實性，在處理困難與苦難的末段時才出現。「就是在患難中也是歡歡喜喜的」，然後繼續說：「因為知道患難生忍耐，忍耐生老練，老練生盼望。」（3～4節）正正在苦難中，我們才開始認識到神每天賜給我們的那份盼望。而盼望永不會使人失望。

我為到自己得到的救贖而感恩。在我十一歲時，我邀請耶穌基督進入我的生命，成為我的救贖主和我的主。在那一刻，我因著對耶穌基督的信仰而獲得稱義。我的救贖是穩固的。我知道我死的時候會去哪裏。雖然如此，我的掙扎今天仍在。保羅在本章提醒我們，今天我們能確信三件事情。首先，我們可以確信，我們與神有和好的關係。我們能經歷到神的整全性。第二，我們可以確信，我們已進入神的恩典中。另一個細想恩典的方法是聯想到力量：我們今天已進入到神的力量中。第三，我們有盼望。而那份盼望是完全更加重要，因為它在面對苦難與困難中才出現。所以我度過了今天。過去宣告我稱義的神，跟今天與我同行的，是同一的神。而神賜我平安、恩典與盼望。祂是昨天的神，也是今天的神。

晨禱

神啊，我不想祈禱。

為甚麼你在面對危疾時，不想祈禱？你會以為禱告是你的第一個反應。你以為自己會比以前用更大的熱情，傾出自己來投入禱告中。但是，我發現祈禱是十分難的。我不想祈禱。我不知道怎樣說。我無法強迫自己祈禱。

雖然這樣，我曾發現有兩項令人信服的真理，幫助我把禱告放進展望中。首先，聖靈為我祈禱。「況且我們的軟弱有聖靈幫助，我們本不曉得當怎樣禱告，只是聖靈親自用說不出來的歎息替我們禱告。」

（羅八26）光是我不想祈禱，並不意味為我代求的禱告沒有被獻上——聖靈為我代禱。所以我安靜下來，肯定我沒有被神遺忘。聖靈以歎息的代禱來反映我的掙扎。

第二項真理是其他人正為我祈禱。雅各，在以他來命名的書卷中提醒我們，當我們病重的時候，去找教會的長老為我們祈禱和抹油。他加上這個應許：

「義人祈禱所發的力量是大有功效的。」（雅五16）甚至當我不能祈禱的時候，其他人也會為我代禱。這是基督的身體所代表的意義。一人受苦，全部人也跟他一同受苦。我們背負彼此的擔子。而我們這樣做的其中一個方法是，為不能為自己祈禱的人代禱。

我經歷過一樣十分鼓勵我的事情，這就是一些小孩子寫信告訴我，他們每天都為我祈禱。小孩子的信心很有能力，因為沒有成年人所有的掙扎而被阻隔。他們真心相信神會聽禱告又應允禱告，並相信神有能力醫治任何疾病。所以在我無法為自己禱告時，我可以在其他人——包括小孩子——正為我禱告的事實中得安息。

當有人跟我說：「我正為你祈禱。」我覺得這是非常鼓勵我的，如果他們確實為我代禱的話。你能夠送給末期病人的其中一份最佳的禮物是送上祈禱。所以我祈禱：「神啊，我不想祈禱。但是我在別人正為我祈禱的事實中安息，聖靈也以說不出的歎息為我代禱。」這足以讓我多活一天。

晚間應許

覺得難以祈禱的時候，用主禱文禱告會有幫助。

我們在天上的父：
願人都尊你的名為聖。
願你的國降臨；
願你的旨意行在地上，
如同行在天上。
我們日用的飲食，今日賜給我們。
免我們的債，
如同我們免了人的債。
不叫我們遇見試探；
救我們脫離兇惡。（太六9～13）

我最早期的宗教經驗來自普里茅斯兄弟會

（Plymouth Brethren）。他們是極好的人。他們也是十分反對禮儀的。他們反對公式書寫的禱文，和反對唸主禱文或重複唸使徒信經。他們避免任何看似是禮儀的事物。當然，他們也有他們自己的「禮儀」。他們自有一套説話舉動的方式，而且同一些人看來總是有分參與。因著我早期跟隨他們的經驗，我總是對於公式書寫的禱文、唸主禱文和背誦使徒信經感到不舒服。在普里茅斯兄弟會中，我們認為這類東西是重複虛妄和空洞的文字。

當我被確診漸凍人症後，我對於「禮儀的東西」改觀了。我很快發現，當你患上重病，祈禱會變得困難。在我被確診前，我有一套非常有組織的祈禱習慣。其中包括讀經、每日為某些人祈禱，及在每週固定的某日為某些人和情況祈禱。我會把祈禱事項寫在祈禱冊上，然後會把神應允了的項目圈起來。但是，自我被確診後，我沒有力量或體力像過往經常處理祈禱的做法那樣去做。所以，早上的第一件事情，我僅僅以主禱文祈禱。在一天的掙扎中，我會重複誦唸主禱文。當我在晚上上牀與預備睡覺時，我會以主禱文祈禱多一遍。而我發現了一些奇異的事情：重複唸主禱文，平安便進入我的生命裏，這是不能完全被解釋的。

我們在天上的父。我是一個父親。我會為孩子做任何事情，包括為他們捨棄生命。如果我是那麼關心自己的孩子，我的父神對我的關心會是如何的更多呢？而作為我天上的父親，祂有一切神性中的資源讓祂安排。沒有事情是祂辦不到的。

願人都尊你的名為聖。願人都尊神的名為聖的意思，就是把它分別開來。它的意思是，神得著高舉與榮耀是個給你源動力的渴望。甚至生病的時候，神的榮耀遠比我個人的掙扎更加重要。事實上，我活過這些掙扎，神將會被榮耀。

願你的國降臨；願你的旨意行在地上，如同行在天上。神的國度是神在我們的生命中的統治。當我們祈求國度來臨與神的旨意成就，我們實質上是祈求神在我們的生命與社羣中統治，並祈求祂的旨意會成就。

我們日用的飲食，今日賜給我們。留意，這項祈求是用第一身眾數。當我今天祈求我自己的需要，同時也為其他人的需要代求。

免我們的債，如同我們免了人的債。我們全都需要原諒那些得罪過我們的人。患上末期病的其中一個好處是，你被迫檢討自己的生命及與其他人的關係。其中最大的祝福是，尋求神的赦免並向那些你得罪了的人尋求原諒。

不叫我們遇見試探；救我們脫離兇惡。我們需要求神帶領我們的生命。當神帶領時，我們就是求祂將我們從惡者撒但中釋放出來。

如果你不想祈禱，讓我來建議你用主禱文祈禱。你可以花些時間反省每一項祈求，以及用自己的言語祈禱。或者，你可以只是向神重複這些禱文。你會發現非凡的權能與平安會透過唸誦這早期的禱文而來。

晨禱

神啊，賜我相信祢在掌管的信心。

我們曉得萬事都互相效力，叫愛神的人得益處，就是按他旨意被召的人。(羅八 28)

很多人引述羅馬書八章28節來安慰我。通常引用這節經文的人有很不錯的生活。他們不用面對末期病。他們的生命沒有變得破碎。他們的家庭完好無缺。所以，他們對於神的良善與在我們生命中的作為懷有信心。結果，他們希望把這節經文強加在我身上。有時候，他們只是說：「記住羅馬書八章28節。」他們使用這節經文，就像靈丹妙藥那樣，會把每一件事情安排恰當。這就好像當你引用這節經文，萬事便會妥當。

基本問題是，在我的位置看來，事情的發展並不是非常好。我的生命臨到終局。我會錯過孩子和孫兒的成長。我會失去配偶。我會錯過家人和朋友的許多重要事件。不用說，垂死的過程本身使人驚恐。我沒有遇過一些不怕這個過程的人——包括我自己。所以，當有人前來跟我說：「萬事都互相效力，叫人得益處」，這聽起來就好像空洞的言詞，用來讓言說的人安心，卻使我這個聽的人覺得難過。

但是，若不是神在掌管，就是祂沒有掌管。若不是祂在我生命事件中動工，就是祂沒有動工。無論基於甚麼理由，祂讓我面對這樣的景況。我不喜歡這樣的景況，可我也不想把它交給任何人。所有我祈求：「神啊，幫助我信靠祢是最終掌管我的生命和這個病的。」這不是一個容易説出的禱告。它違背我每天真實的經驗。若我是神，我不會讓任何人經歷我正在經歷的事情。然而，神以我無法解釋的方式，來掌管我生命的細節，所以，我祈求祂幫助我每一天都信靠祂。

晚間應許

神是我的巖石，我的救主。

曾有死亡的波浪環繞我，
匪類的急流使我驚懼，
陰間的繩索纏繞我，
死亡的網羅臨到我。
我在急難中求告耶和華，
向我的神呼求。
他從殿中聽了我的聲音；
我的呼求入了他的耳中。
（撒下二十二 5～7）

大衛在接近生命結束的時候，作了以上的一段詩歌。這段經文表達我內心深處的想法和感受。我覺得自己站在死亡波浪環繞我的海洋中。我覺得自己落入陷阱被捉住了——死亡的羅網來到我面前。這是完全無助的感覺。大衛所做的正是我們應該做的事情——他向神呼喊求助。而這位幫助他的神是一位怎樣的神呢？

耶和華是我的巖石，我的山寨，我的救主，
我的神，我的磐石，我所投靠的。
他是我的盾牌，是拯救我的角，是我的高
臺。(詩十八2)

耶和華是我的巖石，我的山寨，我的救主，我的盾牌，是拯救我的角，我的救贖，我的高臺，我的避難所和我的救贖主。大衛繼續在這首讚美的詩歌中描述神的權能。「地就搖撼戰抖。」(7節)「他又使天下垂，親自降臨。」(9節)「他射出箭來，使仇敵四散；多多發出閃電，使他們擾亂。」(14節)神是一位全能的神。沒有事情是祂做不到的。

他從高天伸手抓住我，
把我從大水中拉上來。
他救我脱離我的勁敵和那些恨我的人，
因為他們比我強盛。(詩十八16～17)

患上末期病就像在深水中遇溺。而正當你快要向下沉的時候，神從上而來緊握你。我看見我伸起右手，那是很衰弱的手，抓住神的手，那是完全滿有權能而並不衰弱的手。只要我的手一直在祂的手中，我便妥當了。嗯，我不是完全妥當的。我仍然有這個病。而我仍然覺得自己遇溺。我仍然覺得死亡的波浪圍繞我。但是，只要我一直握著宇宙的創造主的手，一切便妥當了。

大衛發出充滿喜樂的讚美：

耶和華是活神，願我的磐石被人稱頌！
願神——那拯救我的磐石被人尊崇！
（撒下二十二47）

只要神活著，我便對今天有盼望，對明天有盼望，對永恆也有盼望。只要神是我的磐石，我不會沉入深淵。只要神是我的救贖主，我知道釋放最終會到來。這可能是在今生，或者是在來生，不過，無論是在今生或來生，祂都是我的救贖主。花時間看撒母耳記下二十二章中的整首讚美詩。唸完又唸。這首詩歌述說人在困惱中面對無法抵抗的艱難時，顯出神的偉大。

第二十九天

晨禱

神啊，堅固那些照顧我的人。

我不知道哪一樣更糟糕。自己患上末期病，還是看著你愛的人患上末期病更糟糕？有時候，我覺得看著你愛的人在面對死亡中掙扎，是更加糟糕。你覺得無助。你會怎麼說？你會怎麼做？你會如何反應？這些是不容易解答的問題。此外，你有責任照顧患病的人，同時也得照顧家中各人。你繳交帳單。你照料孩子。你修理家中壞掉的東西。你從醫院來來回回。你覺得自己像個拋了太多小球在空中的雜耍表演者。而你希望陪伴患病的家人的時間愈多愈好。一天之中沒有足夠的小時讓你去做你需要做的每一件事情。而就算有的話，你也沒有力量去做到這一切。

看著別人這樣辛勞地做事，是很難過的。你希望你能夠做到一些事情，但是你的病阻止你去幫忙。你希望你能夠說一些話，但是無論你說甚麼也不會改變這個狀況的事實。你希望疾病會離開，因為它影響到你的家庭，不過，沒有事情你可以做到而能改變這個狀況。你只能夠祈禱：「神啊，賜力量給那位照顧我的人。」

那麼，誰照顧那些照顧病患者的人？通常是沒有的。他們日復日、週復週的費力地挺下去。他們似乎不能夠暫休。你愛的人患了末期病，是沒有暫休的。你曉得自己只有有限的時間，你希望花最多的時間陪伴病人。你料到，他或她走了以後，你不會因為花那麼多時間陪伴你愛的人而後悔。而你是對的。

那麼，誰照顧那些照顧病患者的人？我惟一能夠想到的答案便是神。因此，我為我的太太代禱：「神啊，賜她力量以度過今天。」我已經發現到，在彼此共度的旅程中，神每天賜下力量給我們做一切需要做的事情。通常沒有力量剩下來；祂賜下只足夠一天的

力量。記住保羅的話：「我靠著那加給我力量的，凡事都能作。」（腓四 13）

晚間應許

我們將會像祂。

> 你看父賜給我們是何等的慈愛，使我們得稱為神的兒女；我們也真是他的兒女。世人所以不認識我們，是因未曾認識他。親愛的弟兄啊，我們現在是神的兒女，將來如何，還未顯明；但我們知道，主若顯現，我們必要像他、因為必得見他的真體。（約壹三 1～2）

「揮霍」是一個有趣的詞語。我們為孩子的聖誕禮物而揮霍，這意味我們已經做得太過分。我們為配偶的生日禮物而揮霍，這意味我們已經做得太過分。而當我們説到神在我們身上所揮霍的慈愛，這意味神已經做得太過分。而這正是神所做的。我們是祂的孩子，祂以長存的、無條件的愛來愛我們。祂的愛不僅如今在我們的身上揮霍，在將來也會在我們的身上揮霍。

「將來如何，還未顯明。」多麼真實的一句話。我們得著天堂與永生的確據，但是很多關於天堂與永生的事情是超越我們的知識和理解的。雖然如此，我們所知道的是，「主若顯現，我們必要像他」。有些人把這句經文詮釋為，當我們去到天堂，我們全都會像耶穌那樣三十三歲。對一些人來說，這是十分令人興奮的指望。當你是六十或七十歲，三十三歲聽起來是很棒的。不過如果你是十五或二十歲，成為三十三歲的話，你好像已經走下坡了。

那麼，我們在天堂時將會是幾多歲？在我太太的父親離世時，她才三歲。她現在比父親過身時的年紀大得多了。所以，在天堂裏，她會比父親更老嗎？而嬰兒又會如何呢？我們知道他們死後，便進入主的臨格中。如果我在今生失去了一個嬰孩，那個嬰孩會在我進入天堂時仍然是嬰孩嗎？或者，那個嬰孩會是一個長大了的成人嗎？而如果他是成人，我如何認得他呢？我現在的身體又如何呢？它已經被重疾和病的影響所蹂躪。它會是我進入天堂時的模樣嗎？讓我來解答這一切問題的答案：我不知！我所知道的一切是我們將有像基督的身體。它復活過來，不被重疾和病的影響所蹂躪，並且會是適合永恆長存的。我不知它會是甚麼模樣或年紀會有多大，不過，我知道這將會是事實。而我也知道，我會在天堂裏認得每一個。

神將祂的愛揮霍在祂的孩子身上。祂做得太過分了。而因為祂愛我們，有一天，我們會與祂同在。而當我們與祂同在，我們會像耶穌——無論我們是如何像祂！而無論我們是如何像祂，對我而言已經足夠了。

晨禱

神啊，賜給我信心去相信祢能夠醫治我。

我不需要信心去相信神能夠醫治；我知道神是能夠醫治的。聖經處處解說到祂介入並扭轉病情的權能。我也已經知道，在我的一生中，祂是醫治人的。我認識一些只餘下幾個月生命的人，神以神蹟介入，並且醫治他們。他們活生生的見證了，醫生說的話並沒有決定性——惟有神說的話才有決定性。所以，我知道神是能夠醫治的。而我有信心相信，這是在祂的權能中做到的。不過，我需要有信心相信，神能夠醫治我。知道祂能夠醫治其他人，與相信祂能夠醫治我，當中有很大的分別。

我用了很長時間祈求神的醫治。我不知道為甚麼。我想我是怕祂可能不醫治我。如果我到處宣揚我已經求神醫治而祂沒有醫治我，這會反映了我的禱告是多麼的無力。別人會想到，我沒有足夠的信心。不過，有一天，我讀經的時候，偶然看到這節經文：「你們得不著，是因為你們不求。」(雅四2)接著，我醒覺到不祈求神的醫治是多麼的愚昧。因此我祈求：「神啊，賜給我信心去相信祢能夠醫治我。」

有相信神能夠醫治你的信心是甚麼意思？這是否意味著你應該不再對醫生與藥物有信心？我不認同。我繼續看醫生，聽從他們的意見，儘管他們不能為我的病給予多少幫助。希伯來文聖經中的信心包含了持之以恆的概念。所以我決定繼續相信神會醫治，直到祂顯示不可否認的證據，讓我知道祂另有想法。對我來說，信心不是我曾在短暫的一刻裏相信神的醫治；相反，信心是始終如一地相信，神是在醫治我。

另一個理解信心的方法是定向的概念。相信基督的救恩就是朝向基督。相信神的醫治就是朝向神的醫治。我的終極盼望不在於醫生或藥物。我的終極盼望是在於主。我是朝向祂的。

晚間應許

我們都要跟歌利亞戰鬥。

「你來攻擊我，是靠著刀槍和銅戟；我來攻擊你，是靠著萬軍之耶和華的名，就是你所怒罵帶領以色列軍隊的神。」（撒上十七 45）

大衛與歌利亞的故事是整部聖經裏其中一個我最喜歡的故事。我記得在主日學裏聽過這個故事，看著老師把各個人物放在棉絨故事板上。我認為這個故事能顯著的吸引小孩子，是因為雙方強弱懸殊，劣方勝過難以置信的障礙——大衛，一個年輕的牧羊男孩，殺死歌利亞，一名身形龐大的鬥士。我們全都能與大衛產生共鳴，因為我們全都要戰勝生活中的障礙。其中最大的障礙就是重疾或末期病。

根據聖經，歌利亞超過九尺高。他的鎧甲超過一百二十五磅。他是令人生畏的人物，他怒罵以色列軍，要他們派一個人來跟他戰鬥。當大衛到達現場後，他說：「有人殺這非利士人，除掉以色列人的恥辱，怎樣待他呢？這未受割禮的非利士人是誰呢？竟敢向永生神的軍隊罵陣嗎？」（撒上十七 26）這是聖經首次記錄大衛的說話，他的說話以神為焦點。大衛明白到終極的爭戰不是在歌利亞與一個人之間，而是在歌利亞與神之間。

在這個故事裏，為了要贏得勝利，大衛其實是要戰勝三個「歌利亞」。第一，他要戰勝兄弟的冷嘲熱諷。他對大衛說：「我知道你的驕傲和你心裏的惡意，你下來特為要看爭戰！」（28 節）接著，大衛要戰勝掃羅的意見。掃羅希望大衛穿上他的鎧甲去跟歌利亞戰鬥。不過，大衛很快想到，那套鎧甲不合身。最後，他自己要跟歌利亞戰鬥。有時候，我們在跟疾病戰鬥的時候，要戰勝家人的冷嘲熱諷。有時候，我們要戰勝專家——醫生——的一些意見。然後，我們要盯住斷然在面前的疾病，並且跟它對抗。

大衛走到溪邊，挑了五塊小滑石，然後奉神的名，用機弦來對抗歌利亞。大衛說：「你來攻擊我，是靠著刀槍和銅戟；我來攻擊你，是靠著萬軍之耶和華的名，就是你所怒罵帶領以色列軍隊的神。」（45 節）大衛明白到，他不是以個人的能力或力量來跟歌利亞戰鬥。而是，從熊和獅子中拯救他的神，也會從歌利亞的手中解救他。大衛明白到，這次戰鬥最終是掌握在神的手中。

所以，這是我的戰鬥。縱然我感謝家人的鼓勵和醫生的意見，我知道自己的病況最終是掌握在「偉大的醫者」的手中。痊愈的機會很微。巨人可能是九尺高。他可能穿上超過一百二十五磅的鎧甲。不過，一塊小石能夠完全的摧毀巨人。這是我的盼望。神說一個詞語，病情便可以被完全扭轉。不過，儘管他選擇不說那個詞語，我仍然愛祂，信靠祂。祂仍然是殺死巨人的那位神。